子どもの運動能力を引き出す

うんこスクワット

IWA ACADEMY
田邊大吾

[監修]医療法人いまず外科
今津浩喜 院長

PART 0

みなさん、「うんこ座り」って、できますか？

読み進める前に
まず、やってみましょう！

「そんなの簡単！」
「意外に難しい…」

みなさんは、
どうですか？

やってみる!

できてるかな…

そう言《い》われると…

では、チェックしてみましょう！

Check!
肩《かた》がしっかり
下《さ》がって
いますか？

Check!
背中《せなか》がちゃんと
起《お》きて
いますか？

Check!
ひざとつま先が
同《おな》じ方向を
向《む》いていますか？

Check!
足《あし》の裏全体《うらぜんたい》で
地面《じめん》を踏《ふ》めて
いますか？

Check!
骨盤《こつばん》を下《した》まで
おろせて
いますか？

Check!
坐骨《ざこつ》で座《すわ》れて
いますか？

この「うんこ座り」に
子どもの体にとって
大切な要素が
詰まっているのです。
でも最近、正しい「うんこ座り」を
できない子どもが増えています！

そこで生まれた子どものためのトレーニング！

PART 0

みなさん、「うんこ座り」って、できますか?

それが「うんこスクワット」なのです!

いま子どもたちの体に起きていることとは

私は東京の都心、千代田区にあるスポーツアカデミーで運動の指導をしています。子どもたちもたくさん通っています。

そこで心配に思っているのは、子どもたちの体に変化が起きていると感じることです。

２０１６年４月から、小学校から高校までで「運動器検診」が行われることになったのはご存じでしょうか。そのチェック項目のなかには、「片脚立ちが5秒以上できる」や、「しゃがめる」といったものがあります。そんなのはできて当たり前だと思っていましたが、意外なことにできない子どもが増えているのです。

昔と比べて、子どもたちの体格は立派です。ところが、基礎的な動作をさせると気になることがあります。たとえば、筋力が弱い、柔軟性がない、腕や脚の動く範囲がせまい、持久力がない、敏捷《びんしょう》性《せい》がない……など、「変化」の具体的な内容は多種多様です。

子どもには関係なさそうに思える、腰痛や肩こり、首こりを抱えている子も珍しくありません。

スポーツを習わせても大丈夫とはかぎらない

「そうなんだ。でも幼稚園のころからサッカーをやっているから、うちの子は大丈夫」

「ずっとダンスを習わせているから心配ない」

そう思った方もいるでしょう。でも、多くの子どもたちに運動指導をしてきた私の経験上、何かス

スゴい全身運動！

うんこスクワットが子どもを救う

"UNKO SQUAT" Rescues Children

ライフスタイルの変化は、子どもたちの運動能力にも影響を与えているようです。それはなぜでしょうか。遊びの大切さという視点から考えてみましょう。

みんなでいっしょに
トライしよう！
うんこ
スクワット

ポーツを習わせているからといって、運動機能が幅広く発達しているかと言うと、そうとはかぎりません。なぜなら、それぞれスポーツには、特定の動作があり、種目によっては体の使い方が偏るケースもあるからです。

では、なぜ時代とともに子どもたちの運動能力が低下してしまったのでしょうか。

スポーツ庁の平成28年度体力・運動能力調査の結果に、そのヒントが隠れています。それは、就学前にたくさん「外遊び」をすると、10歳の時点で運動やスポーツをよくするようになっていて、運動能力も高くなる傾向があるというもの。その傾向は10歳児にかぎらず、6～11歳のすべての年齢でも見られるというのです。

昔と今とで変わったのは「遊び」の中身と時間

子どもたちの遊びは、昔と今とで大きく変わりました。

それは無理もないことです。子どもの数は年々減り続けています。それはつまり、日常的にいっしょに遊ぶ、兄弟姉妹や、となり近所の遊び仲間が減ったことを意味します。

幼児期には、じゃれ合い、取っ組み合いや、ごっこ遊びをして、知らず知らずのうちに体を動かしています。その機会が減ることは、必要な運動が足りなくなってしまうということなのです。

仲間との外遊びに代わって、家のなかでのひとり遊びが増えています。絵本、ゲーム機、映像ソフトなどがあると、ひとりでも楽しく時間をすごせます。

へえー！そうなんだ～

私はしゃがめるかな？

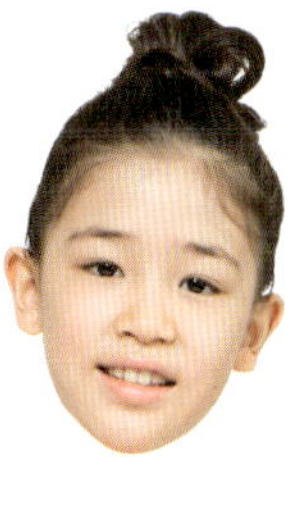

なんだかおもしろそう！

現代の子どもたちにはうんこスクワットが必要なのです。

それらによって、子どもたちは知能を育むメリットがある反面、必要な運動が不足してしまうデメリットもあるため、注意する必要があるでしょう。

遊びの中身が変わり、遊びの時間が減った原因はそれだけではありません。みなさんの周辺では、外遊びできる環境は昔のまま残っているでしょうか？

小学生であれば、ジャングルジムを登ったり、鉄棒にぶら下がったり、ブランコをこいだり、飛び降りたり、ボール遊びをしたり……そんな遊びのなかから、さまざまな動作を習得して、筋肉、関節、骨などに刺激を与えることが大切になります。

ところが、最近ではケガをする危険があるものはことごとく禁止、廃止とされてしまいがちです。

公園からは動く遊具や、落下の可能性がある遊具が次々と撤去され、ボール遊びが禁止になっています。これもまた、子どもの遊びの質が変わった原因だと言えるでしょう。

うんこスクワットを遊びのきっかけに！

たとえ時代が変わっても、子どもの数が減って、環境が変わったとしても、子どもたちの本質は変わりません。元気に、楽しく遊びたいという無邪気な気持ちには、なんの変化もないのです。日々、子どもたちに接していて、私は強くそう感じています。

そんな時代だから、必要な遊びをしてもらうには、大人の手助けが必要なのかもしれません。

昔からある遊びを子どもたちに教えてあげるのはどうでしょう。たとえば、竹馬や一輪車はバランス感覚と体幹の筋力をアップします。いろいろな鬼ごっこは瞬発力や反射神経の向上に役立ちます。「けんけんぱ」は全身を使った軸のコントロールになります。

うんこスクワットをきっかけにして、子どもたちを外遊びに導いてみましょう。親子でいっしょに遊んだら、きっと楽しいですよ。

体の中心を整える

股関節と骨盤と背骨《せぼね》へアプローチ！

歩く、走る、跳ぶ、蹴る、投げる……
体の中心部の動きがよくなると全身をうまく使えるようになり、ケガも防げます。

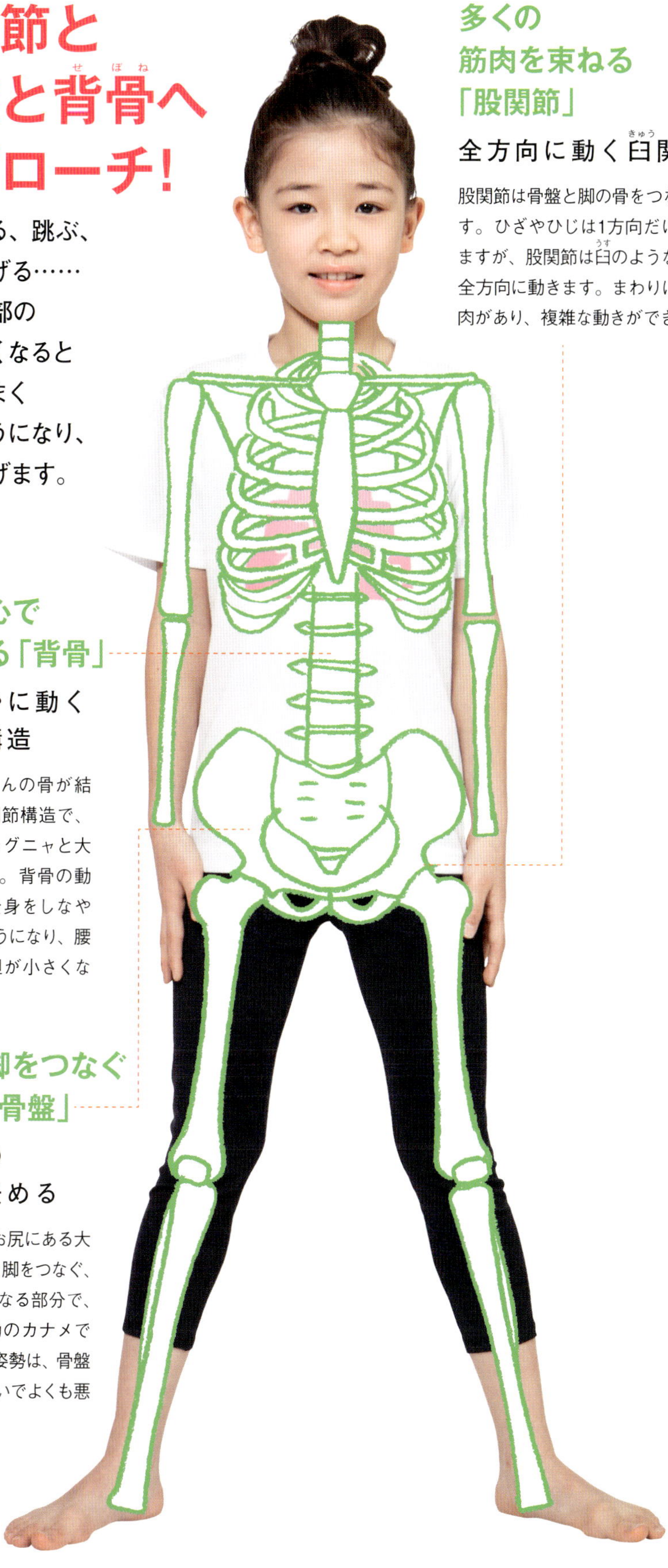

多くの筋肉を束ねる「股関節」

全方向に動く臼《きゅう》関節

股関節は骨盤と脚の骨をつないでいます。ひざやひじは1方向だけに曲がりますが、股関節は臼《うす》のような形なので全方向に動きます。まわりに多くの筋肉があり、複雑な動きができます。

体の中心で軸となる「背骨」

しなやかに動く多関節構造

背骨はたくさんの骨が結びついた多関節構造で、本来はグニャグニャと大きく動きます。背骨の動きがいいと全身をしなやかに使えるようになり、腰や肩への負担が小さくなります。

背骨と脚をつなぐカナメ「骨盤」

上半身の姿勢を決める

骨盤は、腰・お尻にある大きな骨。背骨と脚をつなぐ、全身の土台となる部分で、すべての運動のカナメです。下半身の姿勢は、骨盤の使い方しだいでよくも悪くもなります。

うんこスクワットで子どもにうれしい効果！

Various Merits of "UNKO SQUAT"!

体の中心部をうまく動かせるようになる「うんこスクワット」は、
子どもにとってうれしいメリットがいっぱい。運動はもちろん、勉強も！
日常生活を健やかに過ごせる体をつくります。

きれいな姿勢が身につく

いい姿勢とは、重心が定まり、背筋がスッと通り、その上に頭がのっていること。うんこスクワットをマスターすれば、きれいな姿勢が自然とできるようになります。子どもの体の成長や運動能力の向上に欠かせないポイントです。

勉強の集中力がアップ

きちんとした姿勢で座れるようになると脳への血流もアップ。だから勉強していても集中力がアップ。さらに成績もアップして目標達成に近づけるでしょう。

腰痛や成長痛を予防

うんこスクワットは、腰痛の予防・改善に役立ちます。体の中心部の筋肉を運動で刺激し、しなやかさを保ちつつ強化します。近年急増している子どもの腰痛や成長痛にGOOD！

脳と心の発達にも役立つ

運動は体だけでなく、脳や心にも影響を与えます。とくに成長期の運動は、人格形成にとっても重要！ うんこスクワットは、極端な運動不足の子どもにもやさしいエクササイズです。

肩こりや便秘もスッキリ

運動不足のために、大人のような悩みをもつ子どもが増えています。たとえば肩こりや便秘などがそうです。血行や腸内活動を促進するうんこスクワットは手軽で効果的な運動です。

全身の発達を促進する

関節の動きをスムーズにしたり、疲れない姿勢を保つのは筋肉の働き。筋肉を刺激し発達させるために運動は欠かせません。うんこスクワットは、ふだんあまり使わない全身の筋肉を刺激し、発達を促します。

スポーツのパフォーマンスがアップ

スポーツでよい結果を出すために一番大切なのは、自分の思い通りに体を動かせること。うんこスクワットで股関節、骨盤、背骨の動きがよくなれば、パフォーマンスがグンとアップ！

運動オンチから脱出

すべての運動の基本は、地面を踏みしめ、そのパワーで全身を動かすこと。基本姿勢が大切。うんこスクワットで基本姿勢を整え、運動オンチ脱出への第一歩を踏み出しましょう。

子どもの運動能力を引き出す

うんこスクワット

もくじ

PART 0

PART 1

〈注意事項〉
※本書で解説する効果や効能には個人差があります。
※お子様がトレーニングを行う際は、保護者の方が十分に注意して行うようにしてください。
※妊娠中で安定期に入る前の方、からだに違和感のある方はトレーニングを控えてください。持病など、不安な点がある方は、医師にご相談の上、実行してください。

PART 2

できないポイントをチェック！「うんこスクワット」強化エクササイズ

PART 3

「うんこスクワット」で めざせ！子どもアスリート

PART 1

さあ、「うんこスクワット」をやってみよう！

うんこスクワットって いったい、な〜に？

子どもたちの運動機能を測るバロメーターとして、また、運動不足を解消するエクササイズとして、とても有効な「うんこスクワット」。

その素晴らしさについて、もっとくわしくお伝えしたいのですが、『百聞は一見にしかず』。まずは正しい「うんこスクワット」をやってみましょう。

この章では、「うんこスクワット」を❶**スタンバイ（立つ）**、❷**しゃがむ**、❸**もっとしゃがむ**、❹**うんこ座り！**という4つの過程に分けて、ていねいに説明していきます。

もし、この段階で「できない！」「難しい！」と感じても大丈夫！　苦手克服のためのエクササイズはこの後、順番に紹介していきます。ここではまず「うんこスクワット」がどんなものなのか、体験してみることに集中しましょう。

今こそトライ！

「うんこスクワット」を子どものうちにやらせたい理由

Reason Why Your Child Should Do "UNKO SQUAT"

身のこなしを覚えるのは小学生までが最適。
体の中心部の使い方をマスターできる「うんこスクワット」で
運動神経アップが期待できます。

運動神経とは動作の習得力

運動神経がよくなりたいと思っている人は多いでしょう。そもそも、運動神経ってなんでしょうか。私たちは「運動能力」のことを「運動神経」と言っている場合が多いように思います。

運動能力は、①動作の習得力、②持久力、③筋力という3つの要素で成り立っています。

1つめの「動作の習得力」はあまり聞いたことがないかもしれません。これは、体の使い方を覚える力のこと。たとえば、初めてボールを投げられるようになったり、自転車に乗れるようになったりと、それまでにやったことのない動きを練習し、できるようになっていくことを指します。

そう考えると、「動作の習得力」こそ、私たちがふだん何気なく使う「運動神経」という言葉に近いように思えます。

小学生のうちに動きの基本を身につける

運動能力の3要素は、それぞれ発達に適した年代があります。持久力は中学生、筋力は高校生が適しています。そして「動作の習得力」は小学生が適しているのです。

うんこスクワットはあらゆるスポーツの基礎である、股関節、骨盤、背骨の動作をマスターできる運動。まさに身のこなしをスムーズに修得するための土台をつくります。ぜひ子どものうちに取り組んでほしいのです。

公益財団法人 運動器の10年・日本協会 WEBサイトより引用

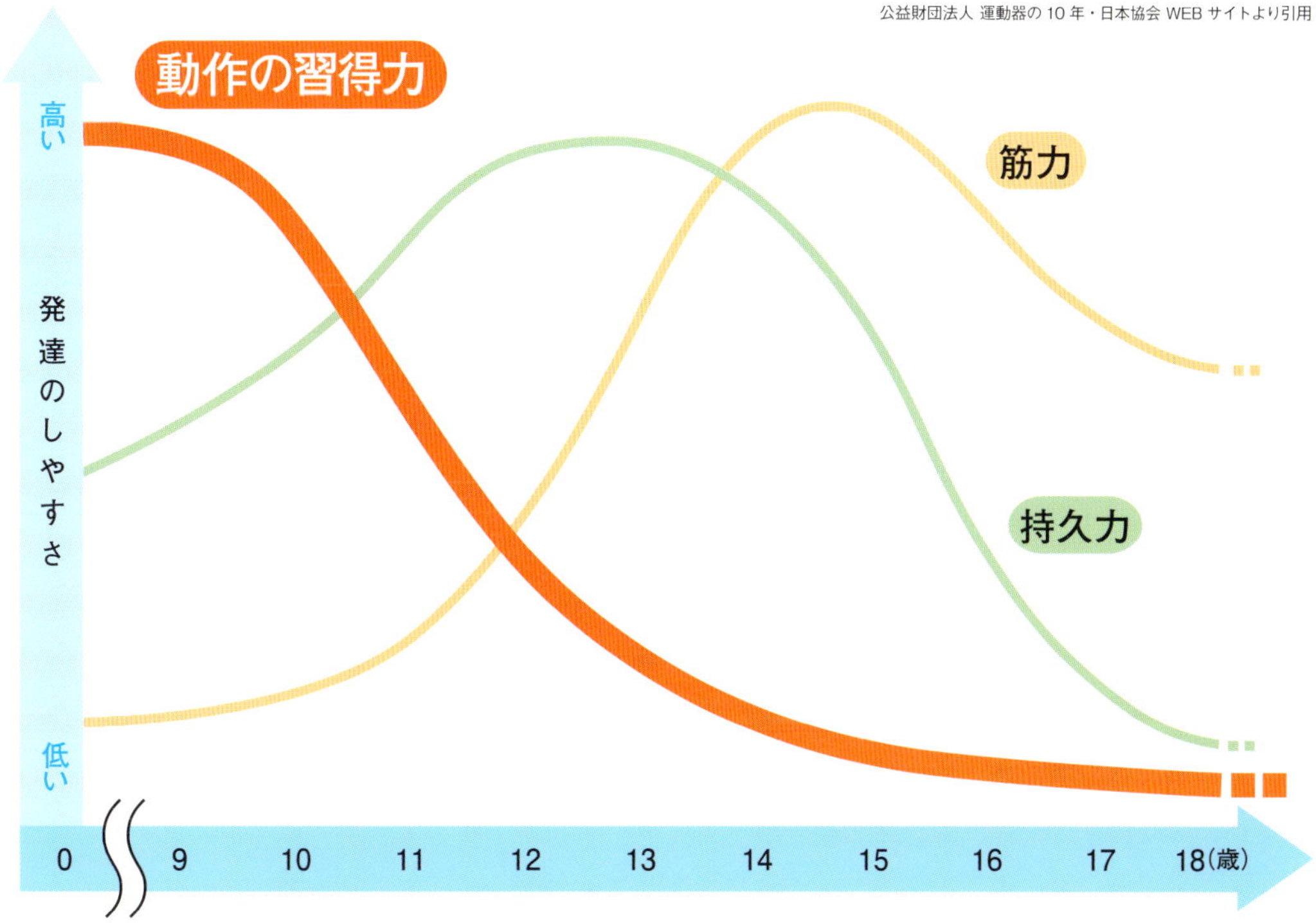

小学生

動作を覚えやすい年代です。身のこなしをよくするためにさまざまなスポーツに挑戦しましょう。

中学生

スタミナがつきやすい年代です。長距離走などをして、持久力をアップさせましょう。

高校生

パワーがつきやすくなってくる年代です。筋力トレーニングを徐々に取り入れましょう。

子どものうちに、スポーツの基礎動作を習得するのが大切！

外遊びも大切！
ボール投げがおすすめ

「うんこスクワット」に

1 スタンバイ

バランスよくまっすぐ立ちます。両脚を肩幅に、つま先はそれぞれ45〜60度開きます。頭、背骨、腰、足と中心に軸が通っているイメージで。両手は胸の前で交差し、軽く胸にあてます。

2 しゃがむ

両ひざを軽く曲げて、腰を少し落とします。ひざを曲げるときはひざがつま先と同じ方向を向くように脚を開きます。体の中心軸はまっすぐ立ててキープしましょう。

「1日1分」親子でいっしょにやってみよう！

チャレンジ！

できた!!

3 もっとしゃがむ

ももが地面と水平になるくらいまで腰を落とします。ひざが内側に入りがちですが、しっかり股関節を開いてつま先と同じ向きに。体の軸は引き続きまっすぐキープします。

4 うんこ座り！

さらに深く腰をできるだけ下に落としたらうんこ座りの完成です。かかとは地面につけたまま。ひざとつま先の向きをそろえ、体の軸もまっすぐキープします。

次のページからくわしく説明するよ

1 スタンバイ

きれいなうんこ座りはきれいな立ち姿勢から。
なにごともスタートが大切です。

OK!

足から骨盤の真ん中、さらに背骨、頭の先まで体の軸がまっすぐに通っているのが横から見るとよくわかります。あごを軽く引いているのもきれいですね。

頭は背骨の
まっすぐ上に
背骨は骨盤から
まっすぐ伸ばす
骨盤は足の
まっすぐ上に

猫背にならないようまっすぐきれいに立つ

どんな運動も基本姿勢はとても大切です。うんこスクワットの場合は、両脚を肩幅、つま先を45～60度に開いて、まっすぐに立つのが基本姿勢です。両脚の幅や角度は、一度やってみてから調整してもいいでしょう。

ポイントは、「まっすぐ」、「きれいに」立つこと。足、骨盤、背骨、頭の先が地面と垂直に一直線になるイメージで立ちます。背筋をスッと伸ばして、あごを軽く引くときれいな立ち姿になります。

下写真のように猫背になるのはNG。逆に、いい姿勢をしようとして、お尻を突き出して腰を反る人がいますが、まっすぐに立てていないので、やはりNGです。

頭が前に出ているのが一番の問題。これは背骨が丸くなる「猫背」に原因があります。さらにあごが上がると、首に負担がかかります。うんこスクワットの前に姿勢を直しましょう。

あごが上がるのは、猫背と関係しています。**背中が丸くなると首が立たずに前に突き出てしまいます。**そのままだと下向きになるので前を向くために首を起こさなければならず、あごが上がるのです。

背骨が丸くなる「猫背」は悪い姿勢の代表例です。とくに正しい座り方ができていないと猫背になる可能性が高くなります。うんこスクワットをするときは、必ず背筋を伸ばしましょう。

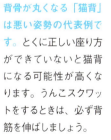

2 しゃがむ

しゃがみはじめるときは、
腰をまっすぐ下に落とします。
お尻が後ろに突き出ないように。

OK!

上半身は基本姿勢のままキープできています。**骨盤、背骨、頭のラインをまっすぐにしたまま、お尻の位置がまっすぐ下におりています。**ひざも大きく開き、両足全体で地面を踏んでいます。

体の中心軸は
まっすぐをキープ
骨盤は立ったまま、
まっすぐ下に
おりています
つま先と同じように
ひざが外を
向いています

軸をまっすぐキープ ケガの予防にも

うんこ座りには、ちょっとしたコツがいくつかありますが、体の軸をぶらさず、まっすぐにしたまま行うのもそのひとつ。

重い物を持ち上げるとき、背中を丸めて上半身だけで持とうとすると、腰を痛める危険があるのはみなさんご存じでしょう。「腰を入れる」と言いますが、骨盤をまっすぐ立てて股関節の曲げ伸ばしで持ち上げると、小さい力で済み、ケガも防げます。うんこスクワットはこの動作の基礎づくりです。

軸のキープは、しゃがみはじめの瞬間がとくに重要です。このとき、骨盤が前に倒れれば、体の中心軸も前傾してしまうのです。そうするときれいなうんこ座りになりません。

しゃがみはじめたときに**軸が前に倒れてしまう**と、お尻が斜め後ろに突き出してしまいます。股関節の開き方が足りないため、曲げたひざが内側を向いてしまっています。これでは足で踏ん張れません。

背中が丸まり、中心軸が崩れてしまっています。ひざを曲げてしゃがもうとすると、お尻はまっすぐ下ではなく、ななめ後ろに。これではきれいにしゃがめません。

骨盤が後ろに傾くと、股関節を開きづらくなってしまい、足の裏全体で地面を踏めません。股関節の開きが足りないと、**ひざがつま先よりも内側を向いてしまう**のですぐにわかります。

3 もっとしゃがむ

さらに深くまっすぐ腰を落とします。
ここまでできればあと少し！

OK!

さらに深く、下まで腰を落としても背筋は伸びたまま、よくキープできています。股関節の開きも十分で、つま先とひざが同じほうを向いていますね。

骨盤～頭のラインは
そのまま、背筋を
伸ばしています
お尻が後ろに
突き出ないように
そのまままっすぐ
股関節が大きく
開いています

さらに腰を落とし さらに股関節を開こう

最終的にきれいなうんこ座りを完成させるためには、しゃがんでいく途中も正しいルートを通っていく必要があります。完成形だけつくろうとしても難しいのです。

その正しいルートとは、しゃがみはじめからの動きの延長です。骨盤を立てたまま、まっすぐ下に腰を落とし、背骨や頭もまっすぐ一直線の形をキープ。ただ、腰を深く落としていくにつれて、難易度が高くなっていくのです。

多くの人にとって一番つらいのが股関節を開くことだと思います。ひざをつま先と同じ向きにするには、十分に股関節を開く必要がありますが、股関節が硬いと骨盤が後ろに傾き、ひざが内に入る形になりやすいのです。

NG!

へっぴり腰のまましゃがむと、後ろに転びそうになってしまうため、それを防ぐためにお尻を突き出した姿勢になりがちです。股関節も開きにくい状態です。

体が「く」の字のように折れ曲がり、**背骨が斜めになってしまっています。**これは骨盤をまっすぐ立てずに、後ろに傾けてしまったため。あごが上がって首も苦しそうです。

ひざがつま先の向きより内側を向いています。この状態でひざを曲げたため、ひざが内側に入ってしまいました。背中が丸まると、股関節がキツくなり、開脚しにくくなります。

4 うんこ座り！

そのままの姿勢で、できるかぎり腰を下まで落とせばうんこ座りの完成です。

OK!

これまでと同じように**骨盤、背骨、頭のラインをまっすぐに保ちながら、腰がかなり下まで落とせています。**股関節も大きく開いていて、つま先からかかとまで、足の裏全体で地面を踏めているのがわかります。

立っていたときと
変わらず背筋が
伸びています
ひざがつま先と同じように
しっかりと外を
向いています
とても低い位置まで
腰を落とせています

背筋を伸ばしたまま フィニッシュ！

さらに腰を目一杯に落とせば、ついに「うんこ座り」の完成形となります。

順を追って正しい形で腰を落としてきた人は気がついたと思いますが、体の硬い人にとってはうんこ座りの完成形をキープするのは、けっこうハード。知らず知らずのうちに余計な力が入り、上半身が前傾していることがあります。しっかり骨盤を立てて、背筋をまっすぐ伸ばしましょう。

きついと感じたときにも呼吸を止めないこと。呼吸を止めると体がこわばってしまいますので、ゆっくりと大きな呼吸を続けます。

できるだけ大きく開脚し、背筋を伸ばしたまま、しゃがみこんでフィニッシュしましょう。

腰は落とせていますが、背中が丸くなってしまっています。股関節の開きが小さく、ひざが内を向いています。そのため、**足の小指側に力がほとんど入っていない**ようです。

背骨が丸まっているため、首もまっすぐではなく前に出てしまい、頭も前に出っ張っています。前を向くためにあごが上がっています。頭の重みを支えるために、**肩や首が疲れる姿勢**です。

ひざが内向きのまま腰を落とすと、足の親指側にだけ重みがかかる形になります。足の裏も親指側だけで踏み、**小指側は浮いてしまっています**。これは股関節を大きく開けません。

PART 2

できないポイントをチェック！
「うんこスクワット」強化エクササイズ

これでみんなマスターできる! うんこスクワット

はじめての「うんこスクワット」はいかがでしたか? 注意しなくてはいけないポイントがいろいろあって、難しいと思った人、ぜんぜんできなかった人もいたかもしれません。

ただしゃがむだけなので簡単そうですが、体を正しく使わないと上手にできないのが「うんこスクワット」の難しさ。

でも、できなかったからといって心配はいりません。この章では、あなたの苦手なところ、「チェックポイント」を見つけ出して、その部分を強化できるエクササイズ(体操)を紹介します。

いろんな体操がありますので、どんどんチャレンジしてみましょう。くり返しやっていると、知らず知らずのうちに体の使い方が上手になり、「うんこスクワットマスター」に近づいていますよ!

チェックしてみよう！

あなたのうんこスクワットはOK？

Is Your "UNKO SQUAT" Correct?

**ただしゃがむだけだと思ったら大間違い。
「うんこスクワット」には、現代の子どもたちが陥りがちな
運動機能の低下を判別し、
改善するヒントが含まれているのです。**

運動機能をアップする6つのチェックポイント

簡単そうに見える「うんこスクワット」。でも、実際にやってみると意外と難しいということがわかったと思います。

とくに、ふだんの姿勢が悪かったり、運動不足だったりすると、関節の動く範囲がせまくなり、「うんこ座り」が上手にできなくなってしまいます。

そこで、きれいな「うんこ座り」を完成させるコツを伝授しましょう。次のページの「6つのチェックポイント」に注目してください。

これは、正しい「うんこスクワット」の動きを細分化し、多くの人がうまくできないところ、難しいと感じるポイントを挙げたものです。逆に言うと、これらをひとつひとつクリアしていけば、きれいな「うんこスクワット」ができるようになります。

エクササイズで効果的に弱点を克服する

ポイントは6つありますが、難しいと感じるところは人によって違います。

本章では、各チェックポイントに対応したエクササイズを2つずつ紹介しています。それぞれ簡単なものと、少し難易度が上がるもので構成されていますので、順番に取り組むうちに、苦手なポイントを克服し、正しい「うんこスクワット」ができるようになっていきます。さあ、さっそくチェックしてみましょう！

チェックしてみよう

1 Check! □ 足の裏全体で地面を踏めていますか？

かかとから指の先まで、足の裏全体が地面についているかをチェック。小指のあたりが地面から浮きがちなので注意して見てみましょう。

2 Check! □ ひざとつま先が同じ方向を向いていますか？

ひざが足先より内側に入っていませんか？　その原因は、股関節の開き方が十分でないから。体の硬い人にはクリアしにくい、難しいポイントです。

3 Check! □ 骨盤を下までおろせていますか？

これ以上、腰をおろすと後ろにひっくり返りそう！　そんな恐怖心から腰（骨盤）を十分おろせていない場合があります。いかがですか？

4 Check! □ 坐骨《ざこつ》で座れていますか？

「坐骨で座れている」とは、骨盤の角度が地面に垂直な状態です。骨盤が前や後ろに傾きすぎていませんか？ 坐骨の位置はP44をチェック！

5 Check! □ 背中がちゃんと起きていますか？

背筋がまっすぐに伸び、頭から腰まで自然な形になっていますか？　猫背のように背中が丸まってしまっていないかチェックしましょう。

6 Check! □ 肩がしっかり下がっていますか？

上半身にむだな力が入ると、肩甲骨《けんこうこつ》、肩が上がってしまいます。リラックスし、スッと肩の力が抜けた状態かどうかチェックしてください。

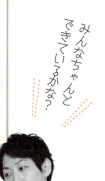

Check! 1

足の裏全体で地面を踏めていますか？

クリアするためには
エクササイズ1・2へ！

小指が浮かないように

かかとからつま先まで、**足の裏全体で地面を踏んでいる**のが正しい「うんこスクワット」です。間違った形でしゃがんでいると、足の裏のどこかが浮いてしまうので注意しましょう。

NG!

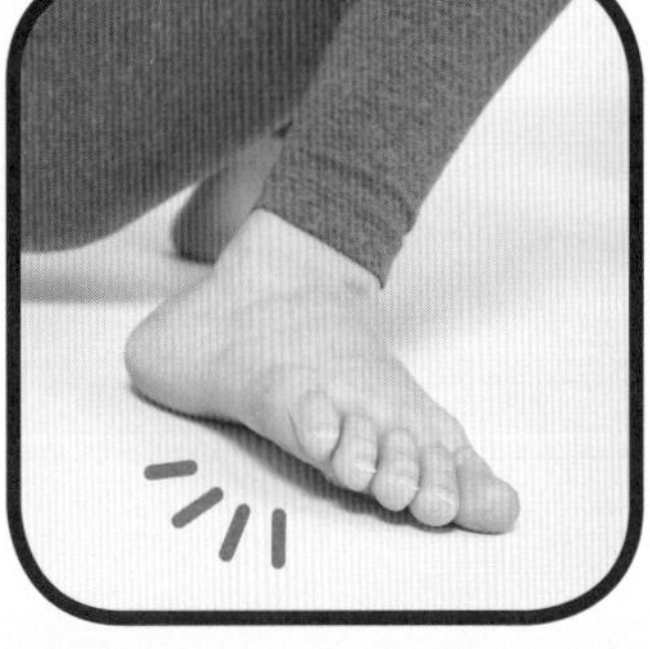

足の小指が浮いてしまうのはNG。足で地面をつかむように、小指を含む足の指全体に力を入れます。地面についていても小指に体重がのっていない場合があるので要注意。

OK!

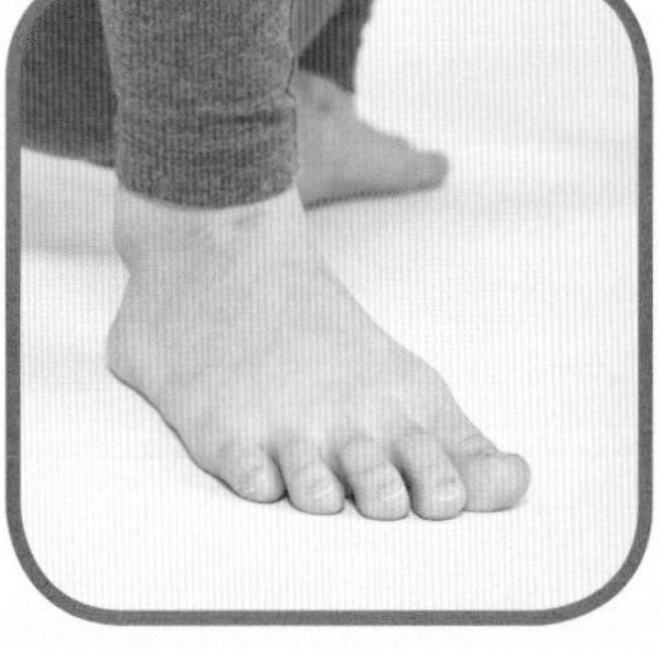

足の親指から小指まで、すべての指が地面にベターっとついています。体の重さを足の裏全体にのせてバランスよく。**しっかり全体で踏むと、股関節もよく開くようになります。**

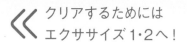

1-1
Exercise

足しぼり

足の関節を柔らかくして、踏みしめる力をアップさせよう！

1 スタンバイ

脚を前に投げ出して座ります。はじめは右足から。ひざを曲げて、足を引きよせ、両手で持ちましょう。

2 ギューッとしぼる

足の甲の骨を、雑巾をしぼるようにギューッとひねります。このときつま先を持つと指先だけねじれてしまうので、**一方の手はくるぶしあたり、もう一方は土踏まずあたりをつかみます。**

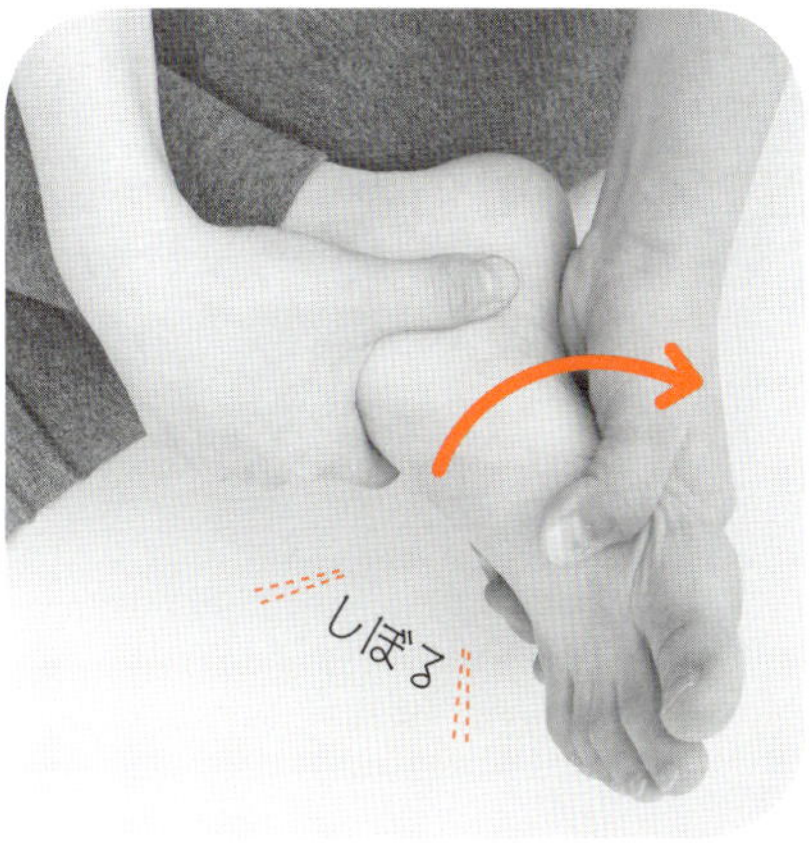

3 逆方向にしぼる

逆の向きにもギューッとひねります。**足のつま先側半分と、かかと側半分をねじるイメージ**で、少しずつ力をこめます。終わったら脚を組みかえて、左足も同じように両方向にしぼりましょう。

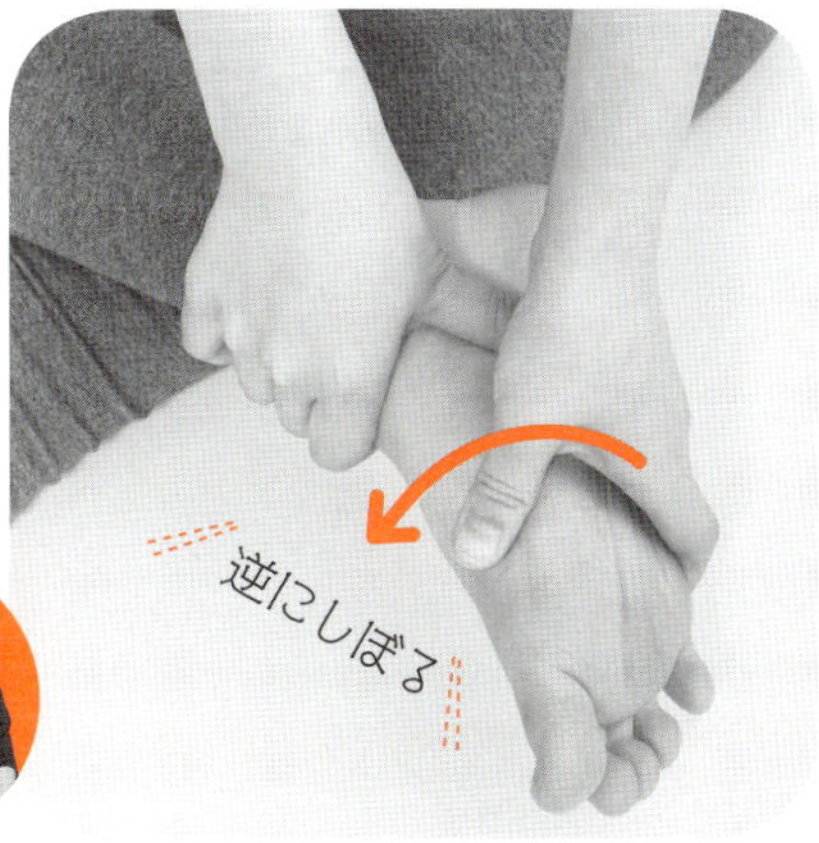

反対の足もやろう!

1-2

Exercise

サルの足トレーニング

股関節のパワーを足の小指に伝える!

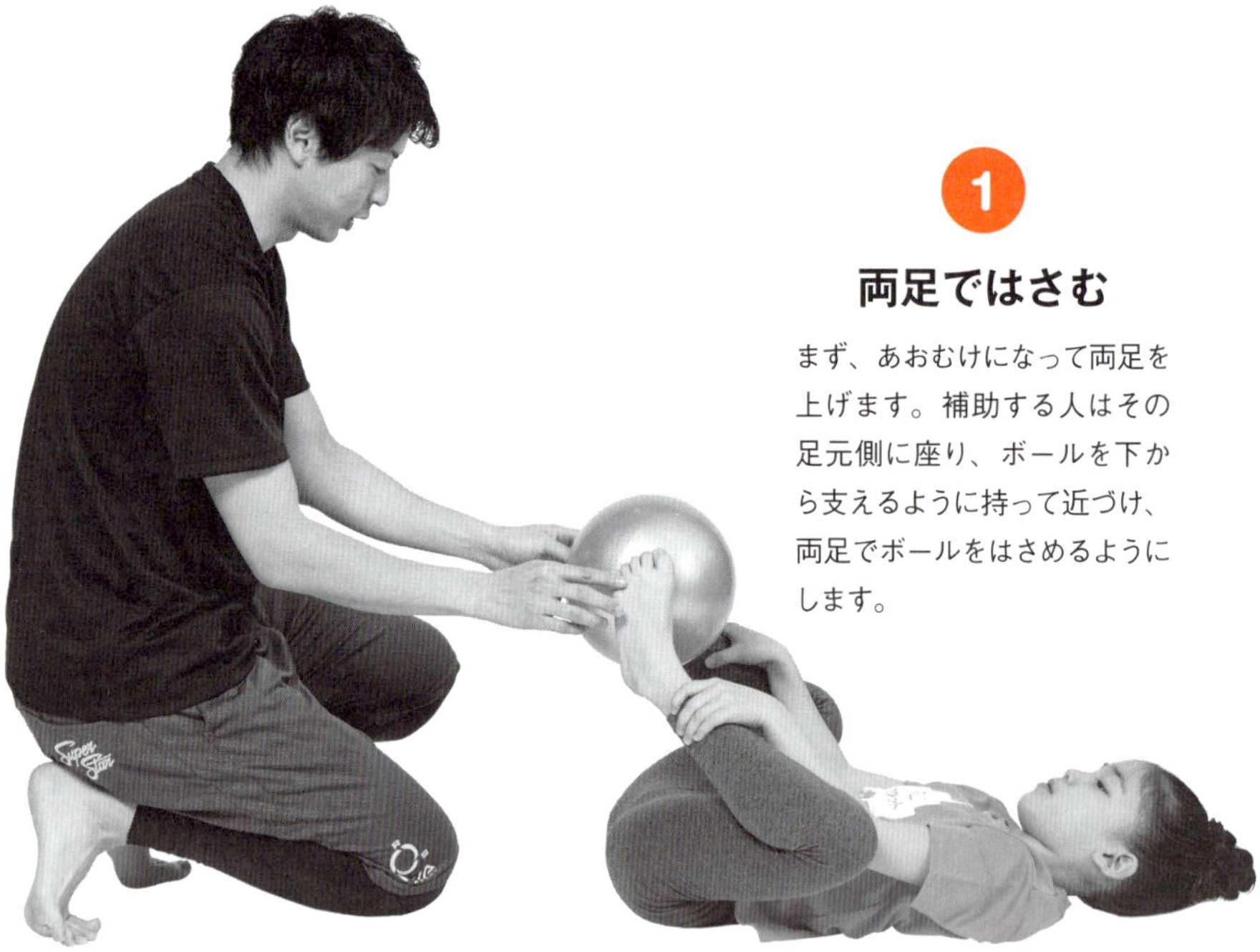

❶

両足ではさむ

まず、あおむけになって両足を上げます。補助する人はその足元側に座り、ボールを下から支えるように持って近づけ、両足でボールをはさめるようにします。

❷

足指に力を入れる

両足の指、**とくに小指にギューっと力を入れます。**このときつま先が下がってしまわないように、しっかり足を持ち上げましょう。5秒キープしたら、ボールを補助者に返し、❶〜❷を5回繰り返します。

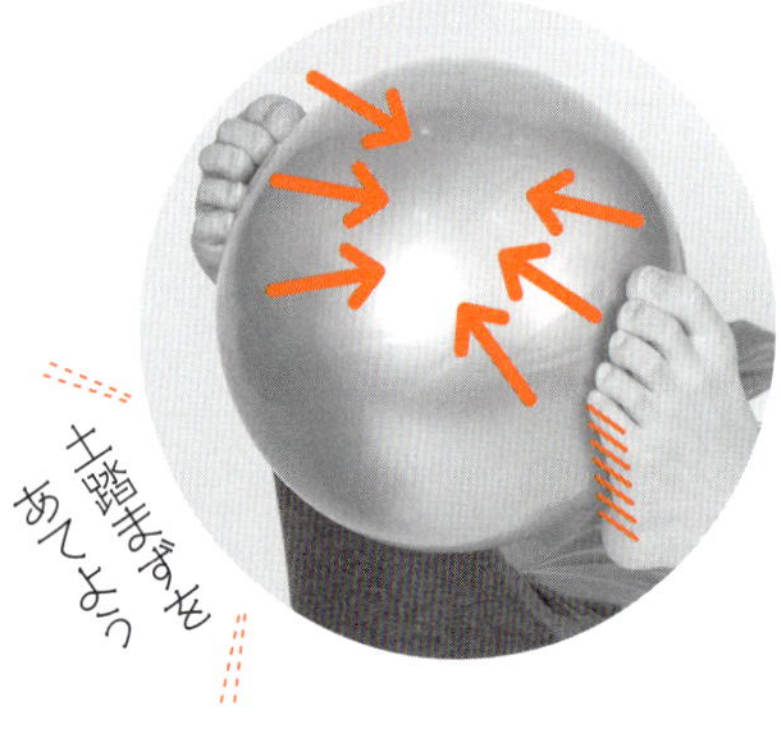

Zoom!

ボールをはさむときは、まず両足の土踏まずにボールを当てて、次に足の指全体で包み込むようにします。このとき、**サルが木の幹をつかむようなイメージで小指の側に力を入れましょう。**

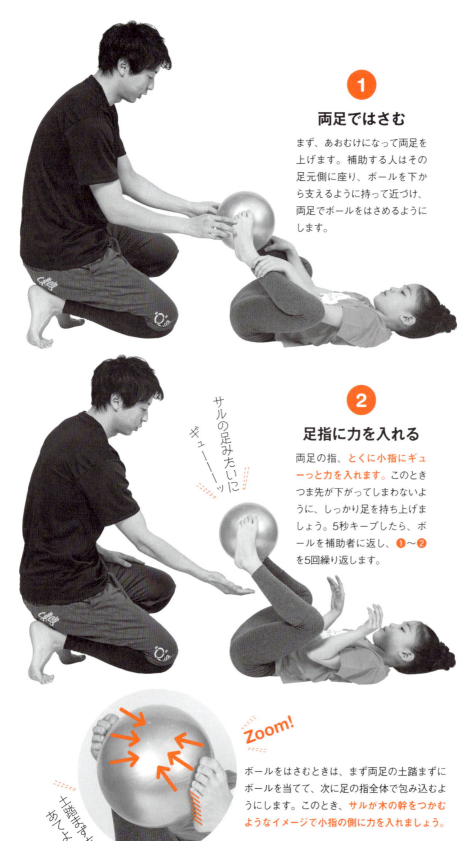

2
Check!

ひざとつま先が同じ方向を向いていますか?

クリアするためには
エクササイズ1・2へ!

内向きのひざに要注意

正しい「うんこスクワット」は、体が硬い人にとってはハードです。とくに**難しいのが、股関節を大きく開くこと**。でもこれをマスターすれば、あらゆるスポーツの上達とケガの防止に役立ちます。

NG!

つま先が向いている方向より、ひざが内側を向いてしまっています。股関節が硬くて十分開けないとこうなりがちです。**ケガにつながりやすい形なので、注意が必要です。**

OK!

つま先が向いている方向と、ひざが向いている方向がピタリと一致しているのが正しいうんこ座りです。股関節を柔らかく使って、股関節を十分に大きく開いています。

2-1

Exercise

伸脚トントン

もうムリだと思っても、
トントンすると少しずつ柔らかくなる！

1

伸脚運動

両脚を大きく開き、ゆっくり伸脚します。①**ひざの向きと、つま先の向きをそろえる、②曲げる足は、かかとをつける、③伸ばす足のつま先は、まっすぐ上に向ける**のがポイント。

2

痛いところをトントン

できるだけ深く腰を落とします。**「もうムリ！」と思ったら、痛いところを手でトントンと軽くたたきます。**痛い場所は人によって違います。バランスが取りにくければ手を床についてもOK。左右交互に3回ずつやります。

2-2 Exercise 簡単股割り

お相撲さん気分で、股関節をグイグイ押し開く！

1 腰を落とす

足を大きく開いてまっすぐに立ちます。両方の太ももが水平になるところまで、真下に腰を落としていきます。**ひざとつま先の向きをそろえ、すねは地面と垂直に**なるようにします。

2 ひじでグイグイ

両ひざの内側にひじを押しあてたら、両脚をひじでグイグイ押しながら、少しずつ股関節を開いていきます。このときも、**ひざとつま先は同じ向きをキープ**します。

3 背筋を伸ばす

しっかりひざが開いたら、ひざの内側にあてていたひじはそのままキープし、腰を落としたまま上体を起こして背筋を伸ばします。前傾姿勢でもOKですが、**できるだけ胸を張りましょう**。5回繰り返します。

《 クリアするためには
エクササイズ1・2へ！

3
Check!

骨盤を下までおろせていますか？

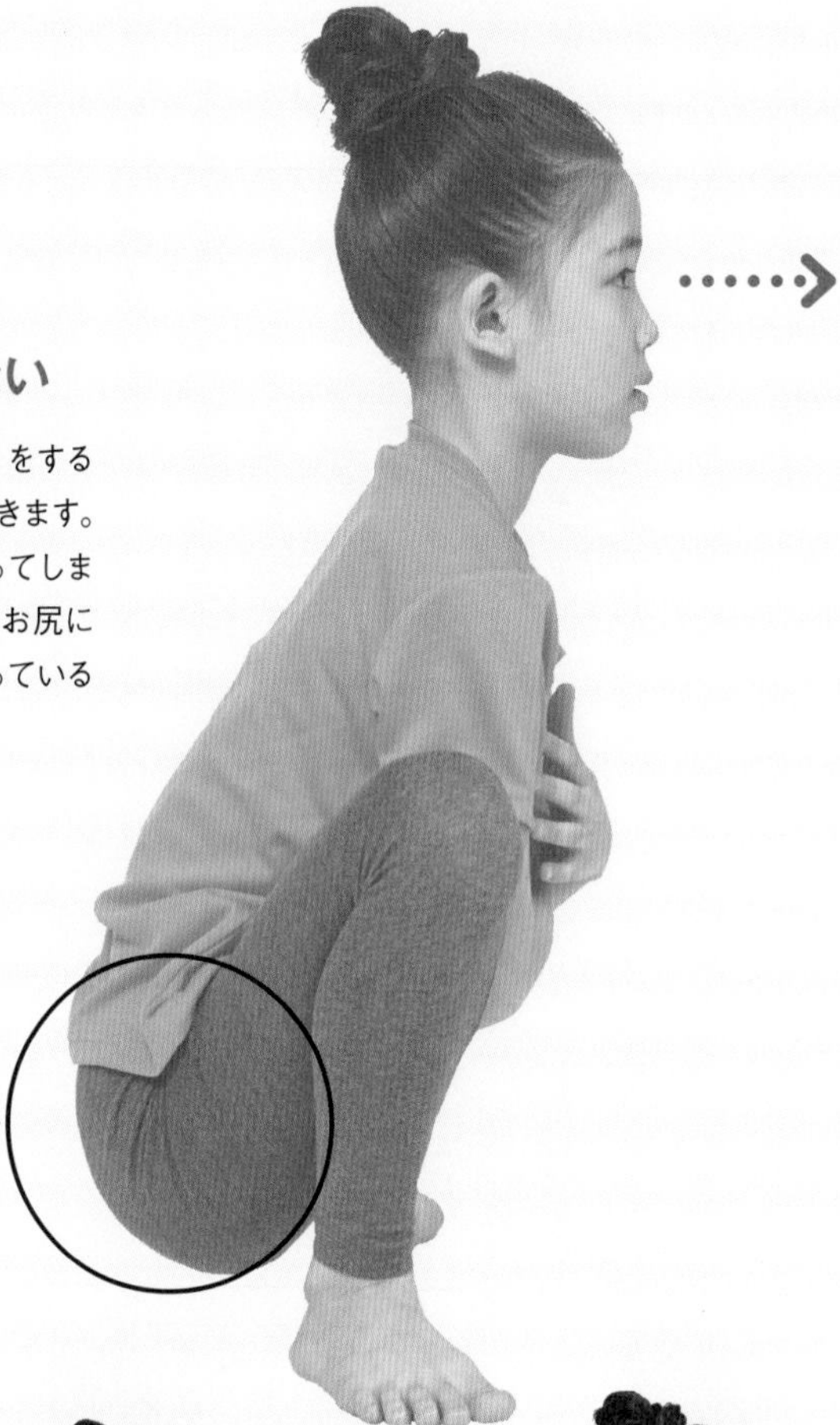

体を
こわばらせない

きれいな「うんこ座り」をすると、視線は自然に前を向きます。どうしても下向きになってしまう場合は、骨盤（腰・お尻にある骨）が浮いてしまっている可能性があります。

骨盤が下におりず、途中で止まってしまっています。**後ろに転ぶ恐怖心で体がこわばっているのです。**背骨はまっすぐ立たず、足の位置より頭が前、腰が後ろになっています。

骨盤が下に向かってまっすぐおりています。**足、骨盤、背骨、頭のラインがまっすぐ一直線になっているので、**バランスもしっかりと安定しています。

3-1

Exercise

ストンゴロン

わざと後ろに転んでみよう。
心の準備ができると怖くなくなるよ！

1

ストン！

立った状態からまっすぐ下にストンと腰を落とします。**骨盤、背骨、頭の位置は立っているときと同じように地面と一直線**のままをキープするイメージです。この後、わざと後ろに転がりますよ。

2-A

ゴロン！

そのまま後ろにゴロンと転がります。**後頭部を打たないように、背中から首までダンゴムシのように丸くなります。**この形になれば、転んでも衝撃を受けずにすみます。

2-B

ゴロン受け身

「ゴロン！」をやりながら、瞬間的に、両手で体の斜め下を手でたたくと、柔道などでやる「受け身」になります。**受け身が上手にできると、日常生活でも安全に転べるように。**

3-2

Exercise

カエルジャンプ

骨盤をまっすぐおろす感覚が自然に身につく！

カエルになったつもりで、「ゲロゲロ、ゲロゲロ」と鳴きながら、その場でピョーンとジャンプしてみましょう。少し前に進んでもOK。**何回も連続で、大きく跳ぶのがポイント。**ジャンプと着地をくり返すうちに、骨盤をまっすぐ下におろす感覚が自然とわかってきます。どれくらい高く跳べるかな？

PICK UP!

足首が硬い？

骨盤がうまく下におろせない人の中には、「足首が硬くて曲げられない」と感じた人がいるかもしれません。

でも、これは勘違い。6つのチェックポイントに足首が入っていないように、足首の柔軟性は関係ないのです。

たとえば40ページ「OK！」の写真を見てください。足首の曲がる角度自体は、それほど急角度になっていません。

骨盤のおり方が足りなかったり、股関節の開き方が足りないと、「うんこ座り」の形が正しくならず、そのしわ寄せが足首にきているというカラクリです。

足首がつらいと感じた人は、その他の項目に抜けがないかをもう一度チェックしてみてください。

クリアするためには
エクササイズ1・2へ！

4
Check!

坐《ざ》骨《こつ》で座れていますか？

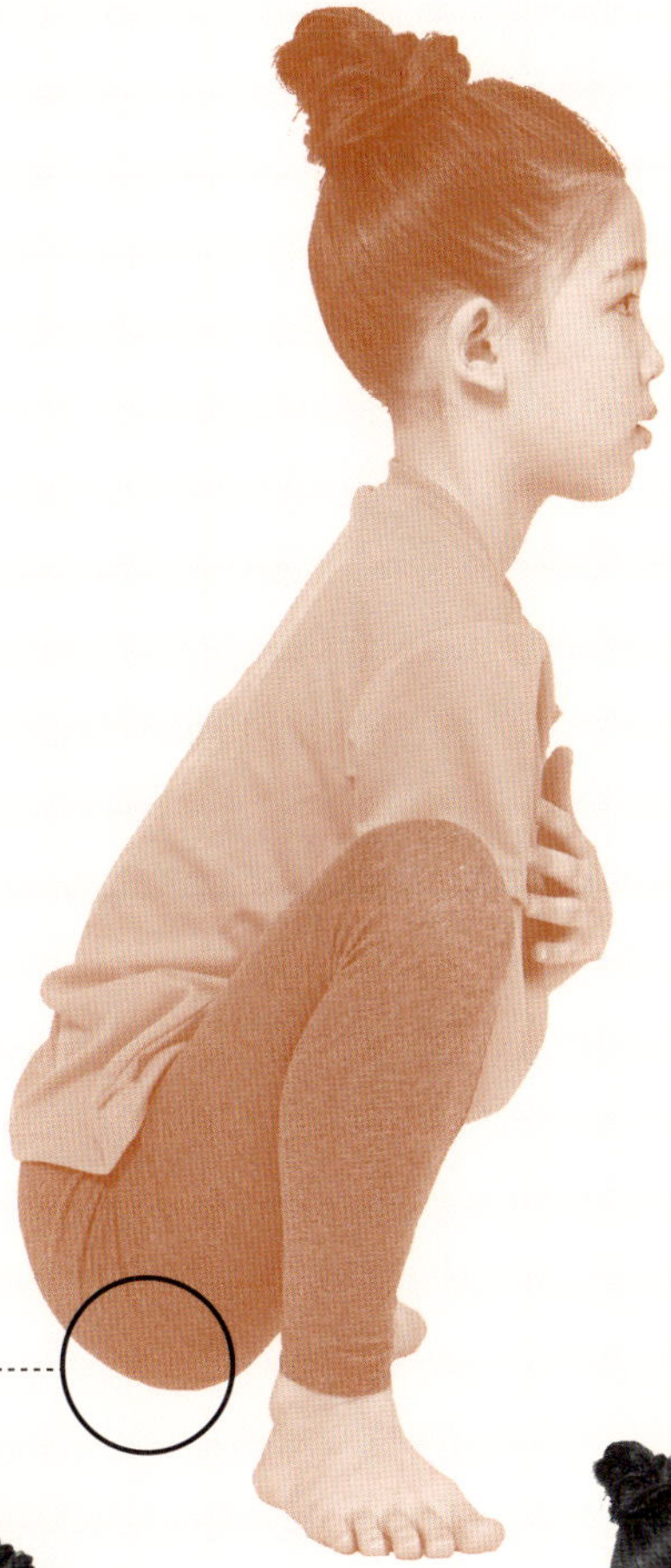

姿勢のよさに直結します

授業中、塾や自宅で勉強しているときなど、1日の多くの時間を座って過ごしています。だから**座る姿勢はとても大事。**「うんこスクワット」でいい座り方をゲットしましょう。

NG!

骨盤の角度がまっすぐでないと、頭を支えるのがつらいため、背筋を曲げ、首を突き出し、あごを上げてバランスを取るようになります。**悪い姿勢は見た目だけでなく、ケガや病気のもと**です。

OK!

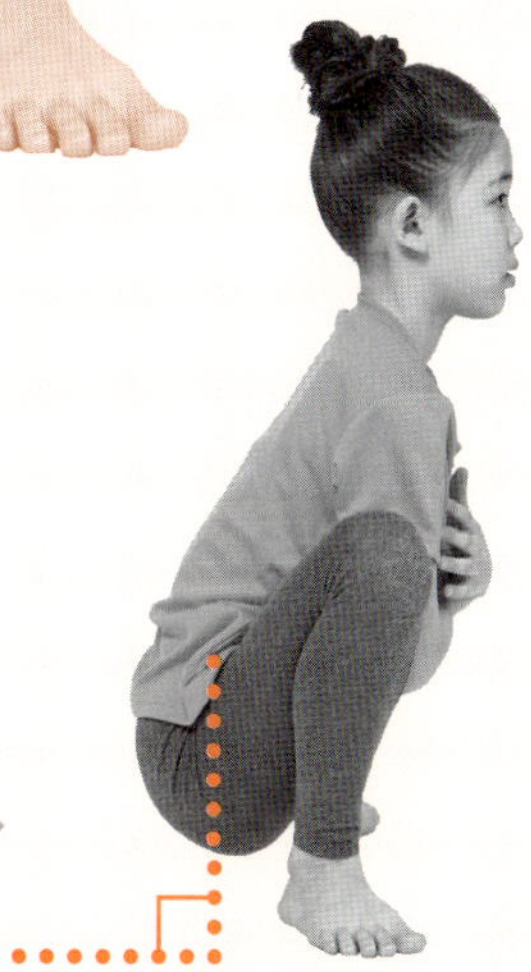

骨盤全体の角度に注目してください。立っているときと変わらず、地面に対して垂直になっています。**腰の角度が正しければ、背筋が伸び、重い頭を楽に支えられます。**

4-1

Exercise

坐骨グリグリ

坐骨で突き刺す座り方をマスターしよう！

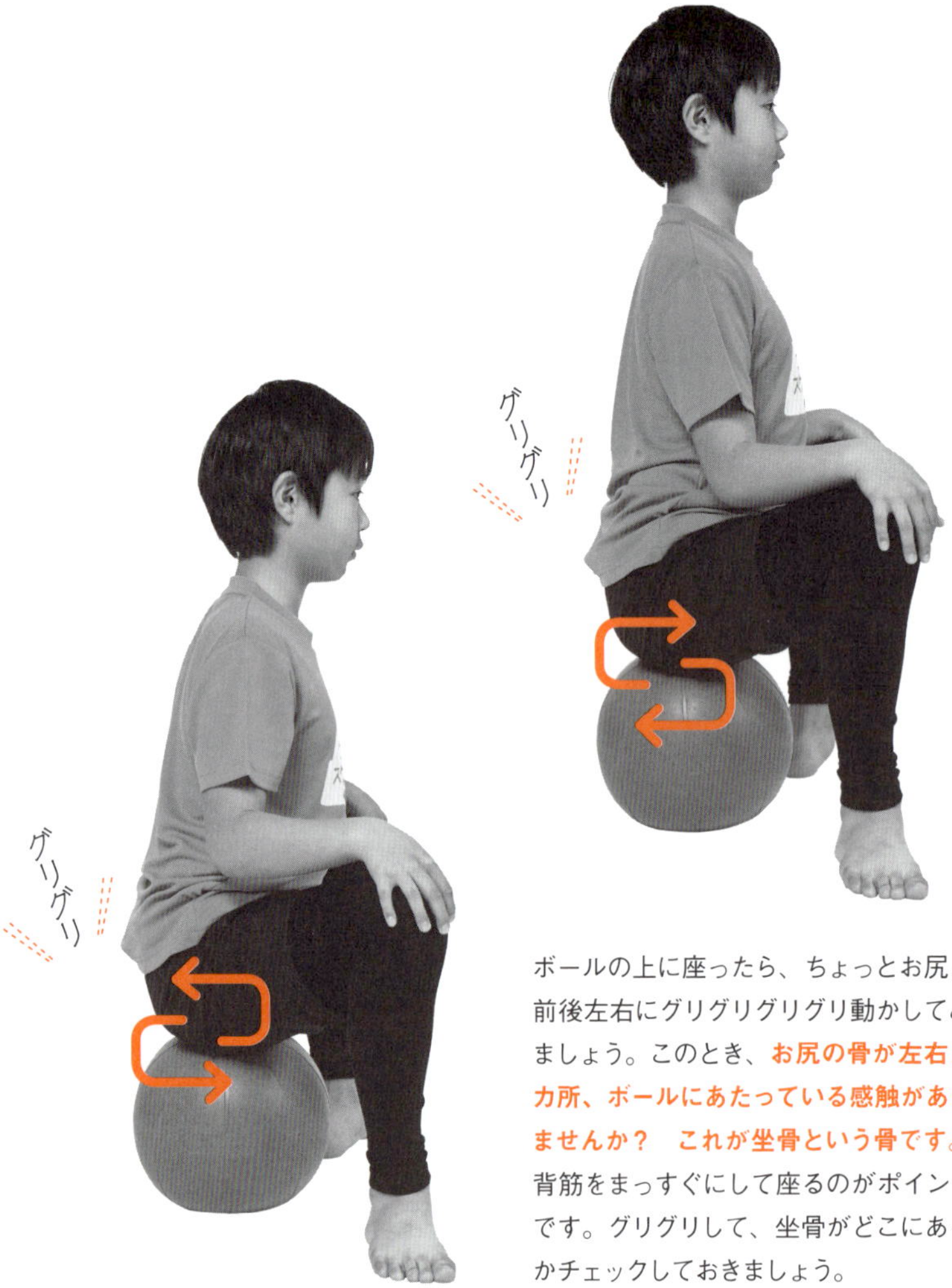

ボールの上に座ったら、ちょっとお尻を前後左右にグリグリグリグリ動かしてみましょう。このとき、**お尻の骨が左右２カ所、ボールにあたっている感触がありませんか？　これが坐骨という骨です。**背筋をまっすぐにして座るのがポイントです。グリグリして、坐骨がどこにあるかチェックしておきましょう。

PICK UP!

坐骨はどこにある？

骨盤はいくつかの骨が組み合わさってできています。坐骨もそのひとつで、骨盤の一番下にある左右一対の骨です。イスに座って、お尻の下に手を差し込むと丸みのある先端が2つありますね。坐骨で座ると最初は痛みを感じる場合がありますが、次第に慣れるのでご安心ください。

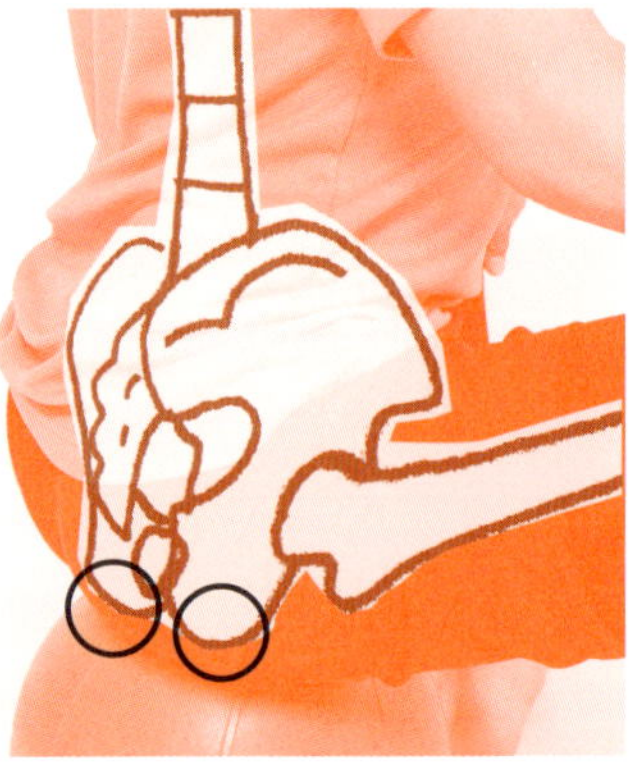

●この本をどこでお知りになりましたか?(複数回答可)

1. 書店で実物を見て　　2. 知人にすすめられて
3. テレビで観た(番組名:　　　　　)
4. ラジオで聴いた(番組名:　　　　　)
5. 新聞・雑誌の書評や記事(紙・誌名:　　　　　)
6. インターネットで(具体的に:　　　　　)
7. 新聞広告(　　　　新聞)　　8. その他(　　　　　)

●購入された動機は何ですか?(複数回答可)

1. タイトルにひかれた　　2. テーマに興味をもった
3. 装丁・デザインにひかれた　　4. 広告や書評にひかれた
5. その他(　　　　　)

●この本で特に良かったページはありますか?

[　　　　　]

●最近気になる人や話題はありますか?

[　　　　　]

●この本についてのご意見・ご感想をお書きください。

[　　　　　]

以上となります。ご協力ありがとうございました。

郵便はがき

お手数ですが
切手を
お貼りください

150-8482

東京都渋谷区恵比寿4-4-9
えびす大黒ビル
ワニブックス 書籍編集部

お買い求めいただいた本のタイトル

本書をお買い上げいただきまして、誠にありがとうございます。
本アンケートにお答えいただけたら幸いです。
ご返信いただいた方の中から、
抽選で毎月5名様に図書カード(1000円分)をプレゼントします。

ご住所 〒 TEL (- -)	
(ふりがな) お名前	
ご職業	年齢 歳 性別 男・女
いただいたご感想を、新聞広告などに匿名で使用してもよろしいですか? (はい・いいえ)	

※ご記入いただいた「個人情報」は、許可なく他の目的で使用することはありません。
※いただいたご感想は、一部内容を改変させていただく可能性があります。

4-2

Exercise

坐骨タッチスクワット

いつでも坐骨をまっすぐに座れるように練習しよう！

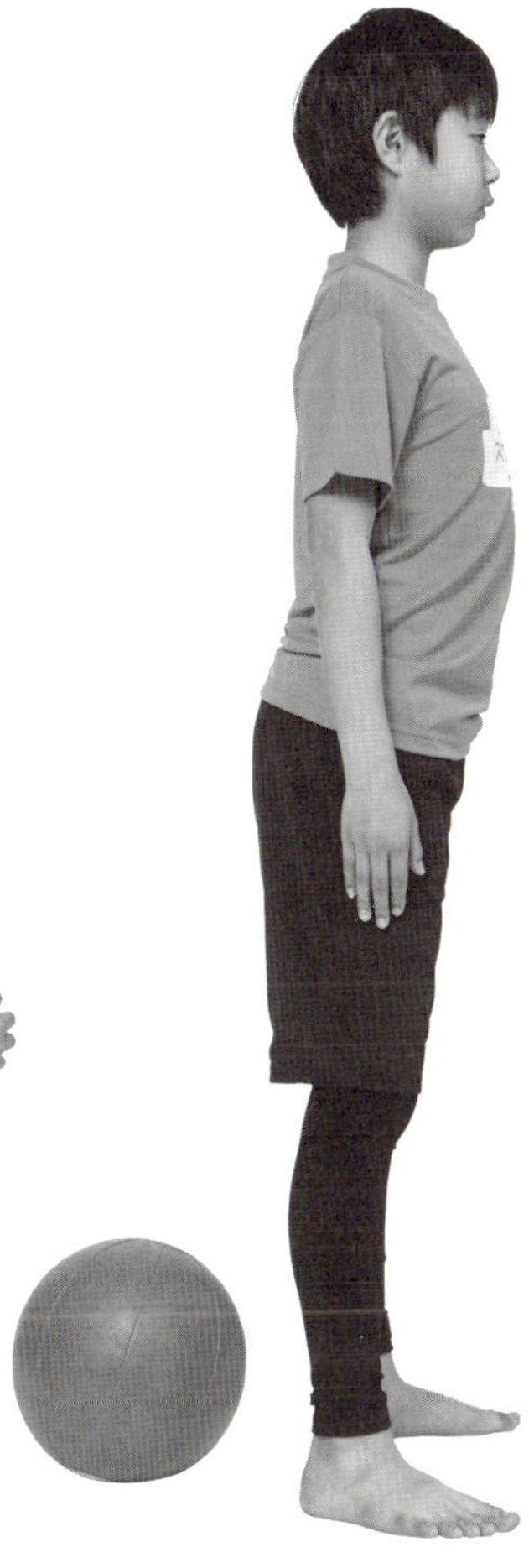

❶

スタンバイ

ボールの前にまっすぐと立ちます。立ち位置がわかりづらい場合は、**「坐骨グリグリ（P44）」を行ってから、そのまま背筋を伸ばして立てば準備OK**です。

❷

座る

まっすぐ腰を落としていきます。ボールの上に坐骨で座るイメージで。**ボールに触れる坐骨に神経を集中**しましょう。はじめはゆっくりの動作でかまいません。

❸

タッチしたら立つ

坐骨がボールにタッチしたら、**それ以上は腰を落とさず、スッと立ち上がります。**だんだん慣れてきたらリズミカルに。❶〜❸を10回繰り返しましょう。

4-2
坐骨タッチスクワット
番外編

親子でやってみよう

低いイスがあると思って、しっかり坐骨でタッチしよう。親子でチャレンジ!

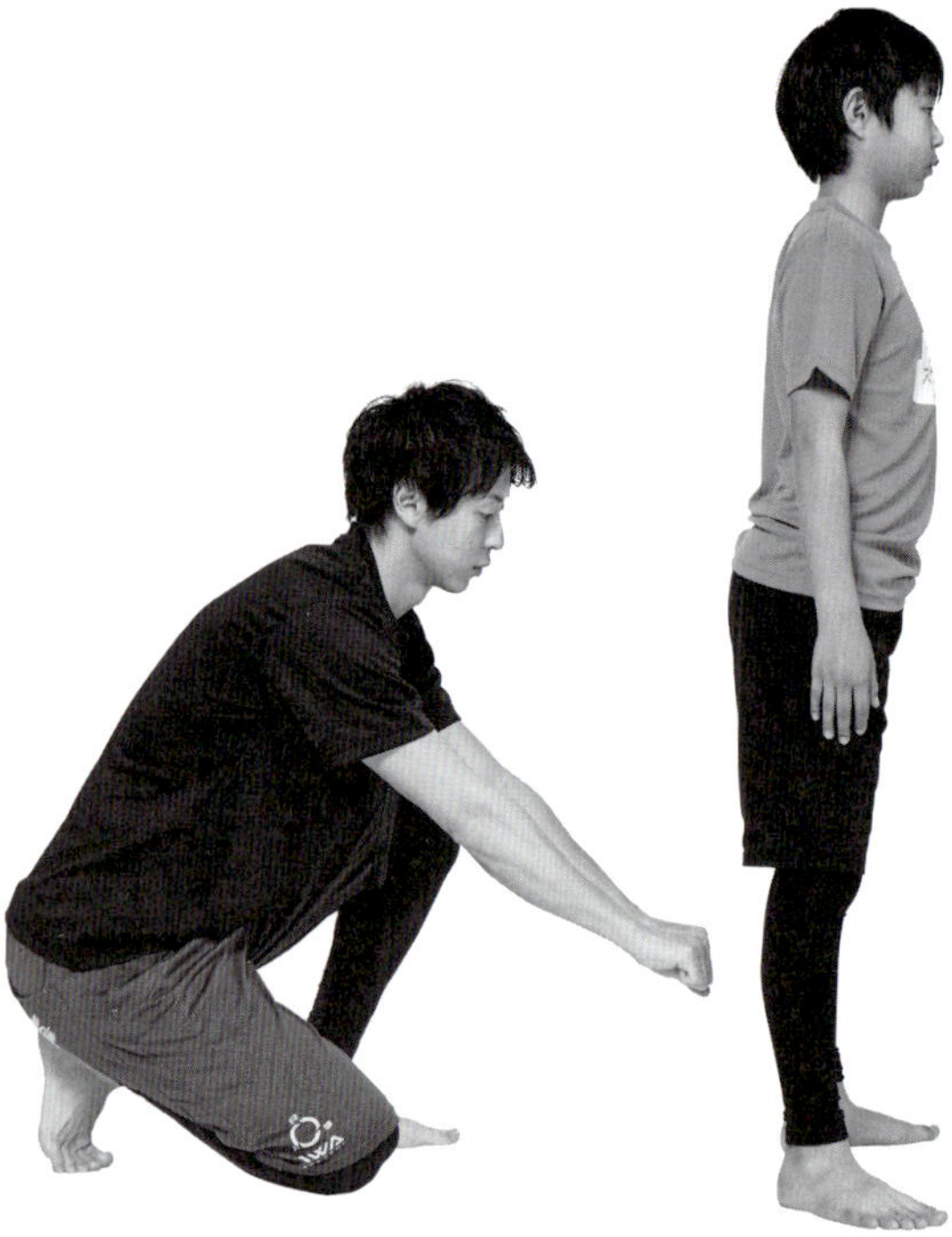

1 スタンバイ

まずはP45のボールのときと同じように背筋を伸ばして立ちます。補助者はその後ろで、ボールの高さと同じくらいの位置に手を出します。

2 座る

ボールのときと同じように、**坐骨が補助者の手にタッチするまで**ゆっくりと腰を落としていきます。

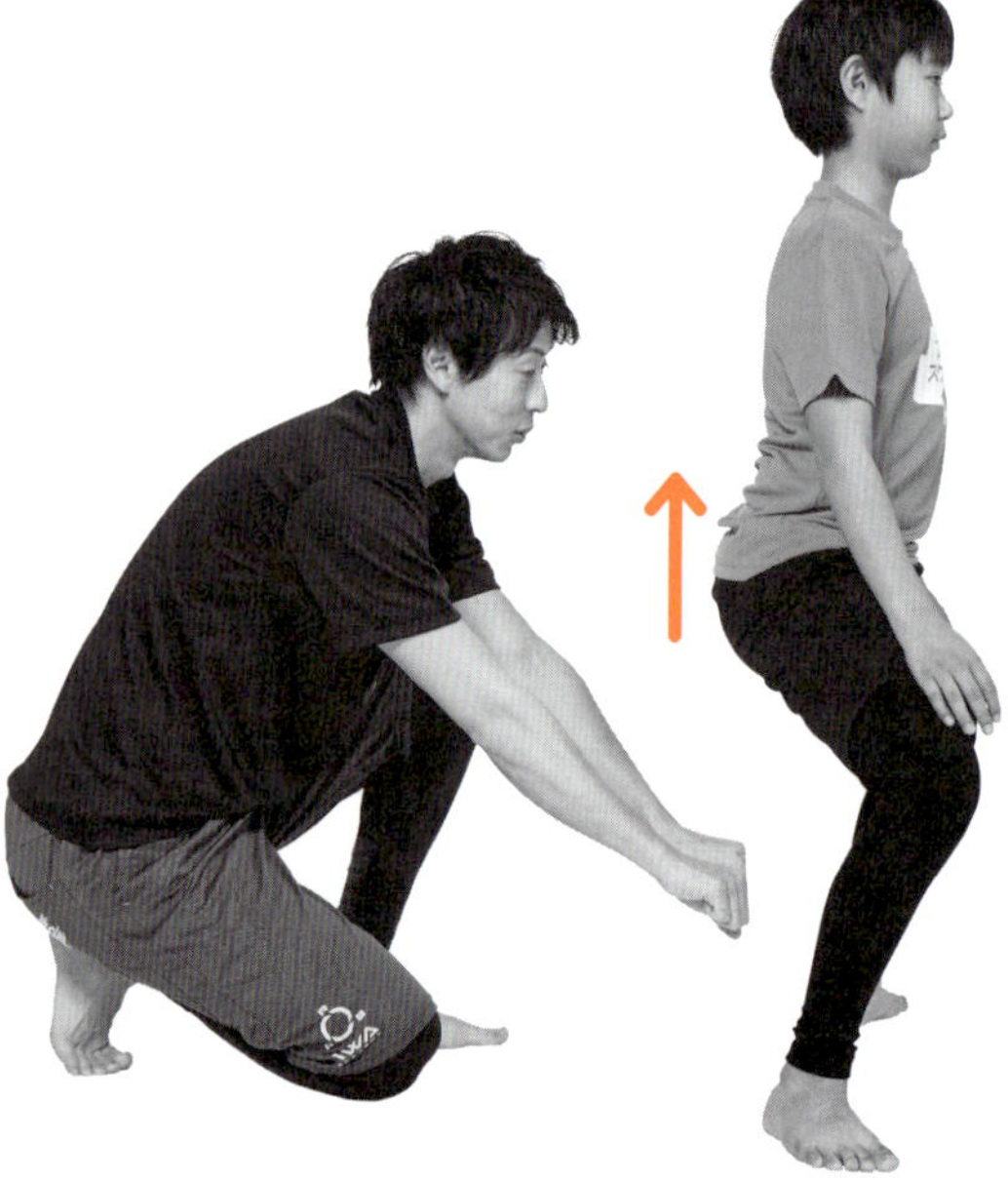

3 タッチしたら立つ

坐骨が手にタッチしたら、スッと立ち上がります。これを繰り返します。**補助者が少しずつ手の位置を下に移動させていくのがポイント。**骨盤をおろしても、坐骨で座れるようになっていきます。

5 Check!

背中がちゃんと起きていますか？

クリアするためには
エクササイズ1・2へ！

背骨の動きは大切

背骨はたくさんの骨がつながってできています。**つながりの部分である関節がよく動くとスポーツのパフォーマンスがぐんぐんよくなり**、腰痛などケガの防止にもなります。

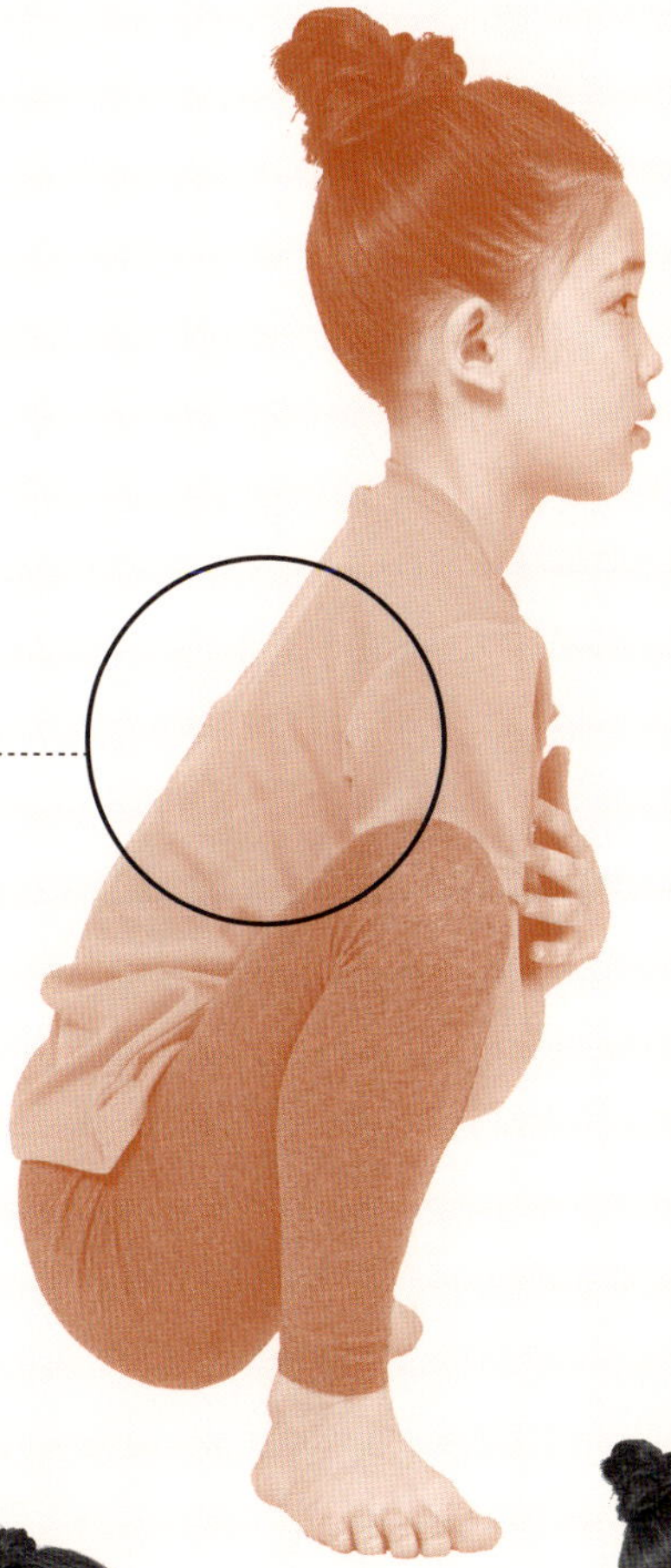

背中が丸くなるのはNG。**ふだんから猫背がクセになると、その状態で固まって、背骨の動きが悪くなってしまいます。**すると、よく動く腰の部分に負担がかかり、腰痛の原因になります。

背筋がまっすぐに伸び、頭から腰まで自然な形になっています。視線は前を向き、首の角度も自然です。**背骨に柔軟性があると、全身をしなやかに動かすことができます。**

5-1

Exercise

背骨そらし

胸周辺の背骨は動きが悪くなりがち。
大きくそらして柔軟性をキープ!

フォームローラー（ヨガポール）やクッションなどを使って背骨をそらせるエクササイズです。**ゆっくりと呼吸をしながら1分ほど**続けます。

フォームローラーをあてる位置は、**肩甲骨のすぐ下**です。フォームローラーの高さが高すぎる（低すぎる）と感じる場合は、適当な高さのものを探してみてください。

背の高さが同じくらいの人と2人組で背中を伸ばし合うのも効果的です。両手を上げて背中合わせになり、**下になる人が相手の手首を持ち、腰の上にのせるようにしながら前屈**します。

5-2 Exercise ブリッジ

背骨を柔軟に使って、大きなアーチをつくろう！

ブリッジに挑戦

あおむけになり、ひざを曲げ、両手を耳の横につけばスタンバイOK。このとき、**ひざを深く曲げるほど大きくそらなければならないので難しくなります**。両手と両足に力を込めて、腰を高く持ち上げます。余裕があれば手と足の間隔をせばめて、できるだけ大きくそってみましょう。**最高点で10秒キープ×3回**が目安です。

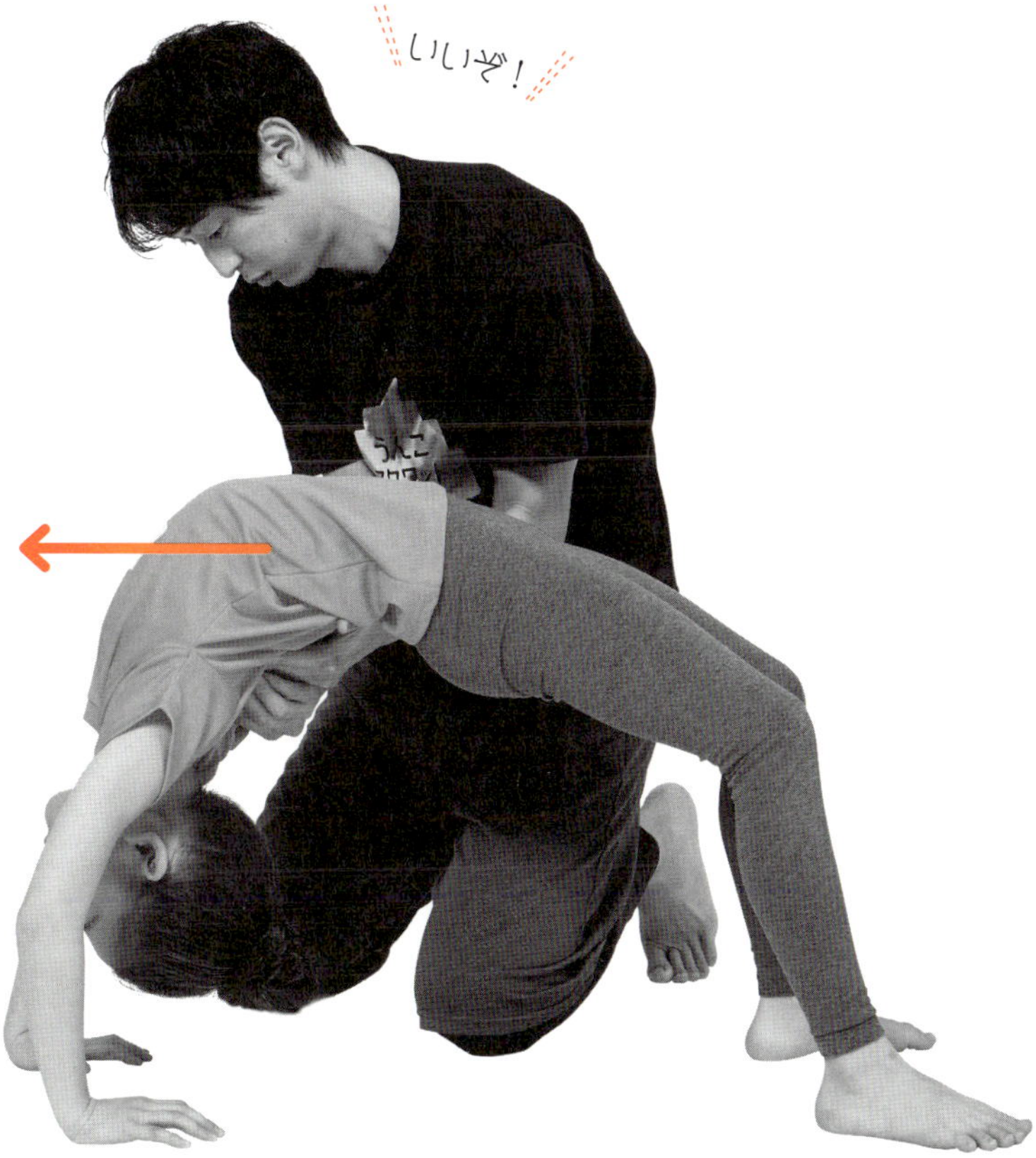

補助者をつける場合

できない場合は補助をつけて、完成形をつくる手助けをしてもらいましょう。補助する人は横にスタンバイして、腰を持ち上げるタイミングに合わせて下から背中を支え、持ち上げます。支える場所は胸の裏側、肩甲骨のすぐ下あたりです。**アーチの頂点が頭側になるように持ち上げるのがポイント**です。

クリアするためには
エクササイズ1・2へ！

6
Check!

肩がしっかり下がっていますか？

体が緊張すると肩が上がる

肩甲骨を上げるクセも、猫背と同じように問題のある姿勢です。首をすくめる姿勢とも言えます。**いつも肩を緊張させていると、腕の可動域がせまくなり、肩こりや首こりの原因になります。**

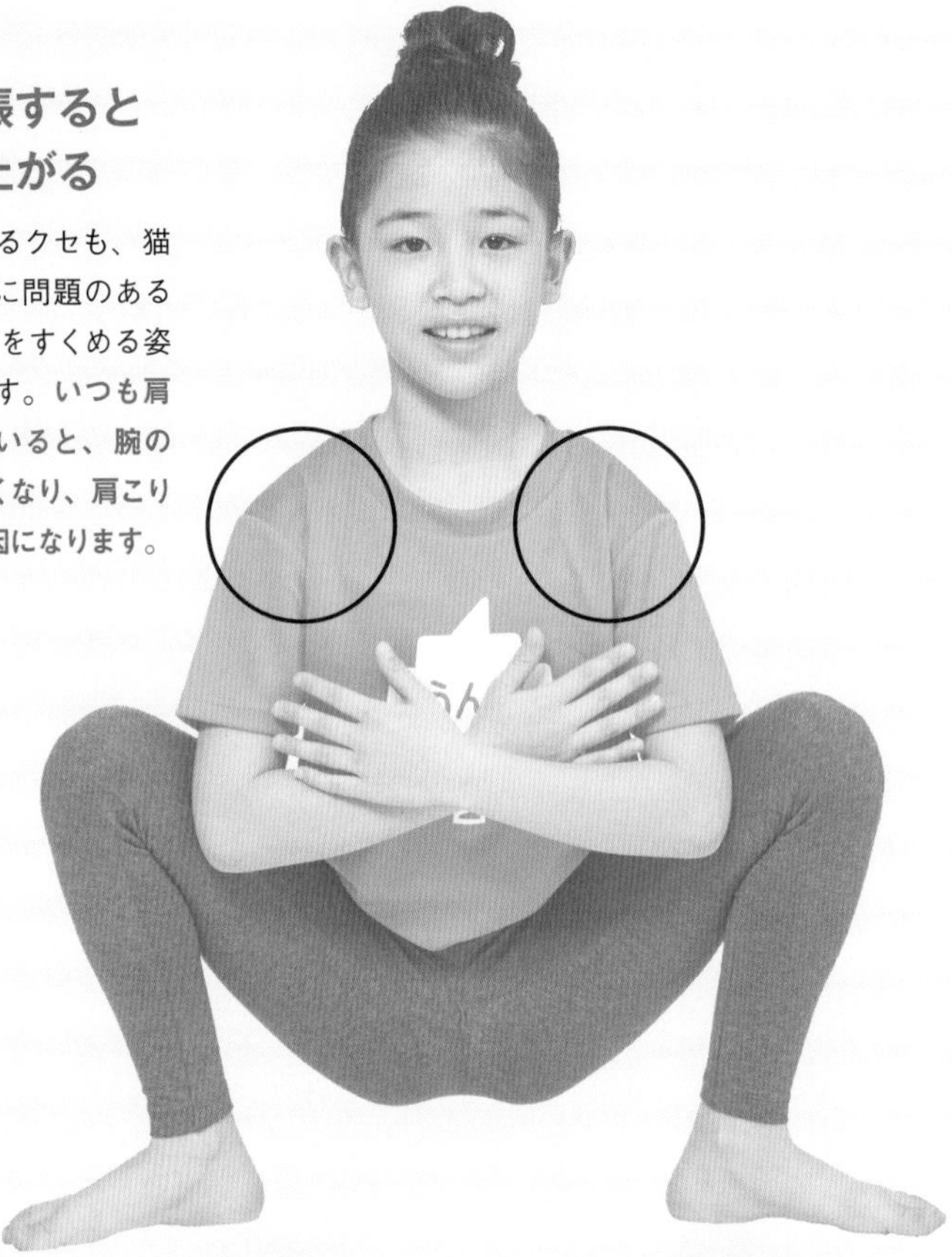

カメのように首をすくめてしまっています。**肩で頭の重みを支えているケースも。**ふだんの姿勢も大切です。「うんこスクワット」のトレーニングでしっかり直しましょう！

上半身の姿勢はリラックスできています。**肩甲骨が自在に動く状態なので、腕も動かしやすくなります。**勉強していても疲れを感じません。スッキリ姿勢よく見えるのもGOOD!

6-1
Exercise

背伸び&肩甲骨下ろし

きれいな姿勢のために大切な肩甲骨。
その動きを体感しよう！

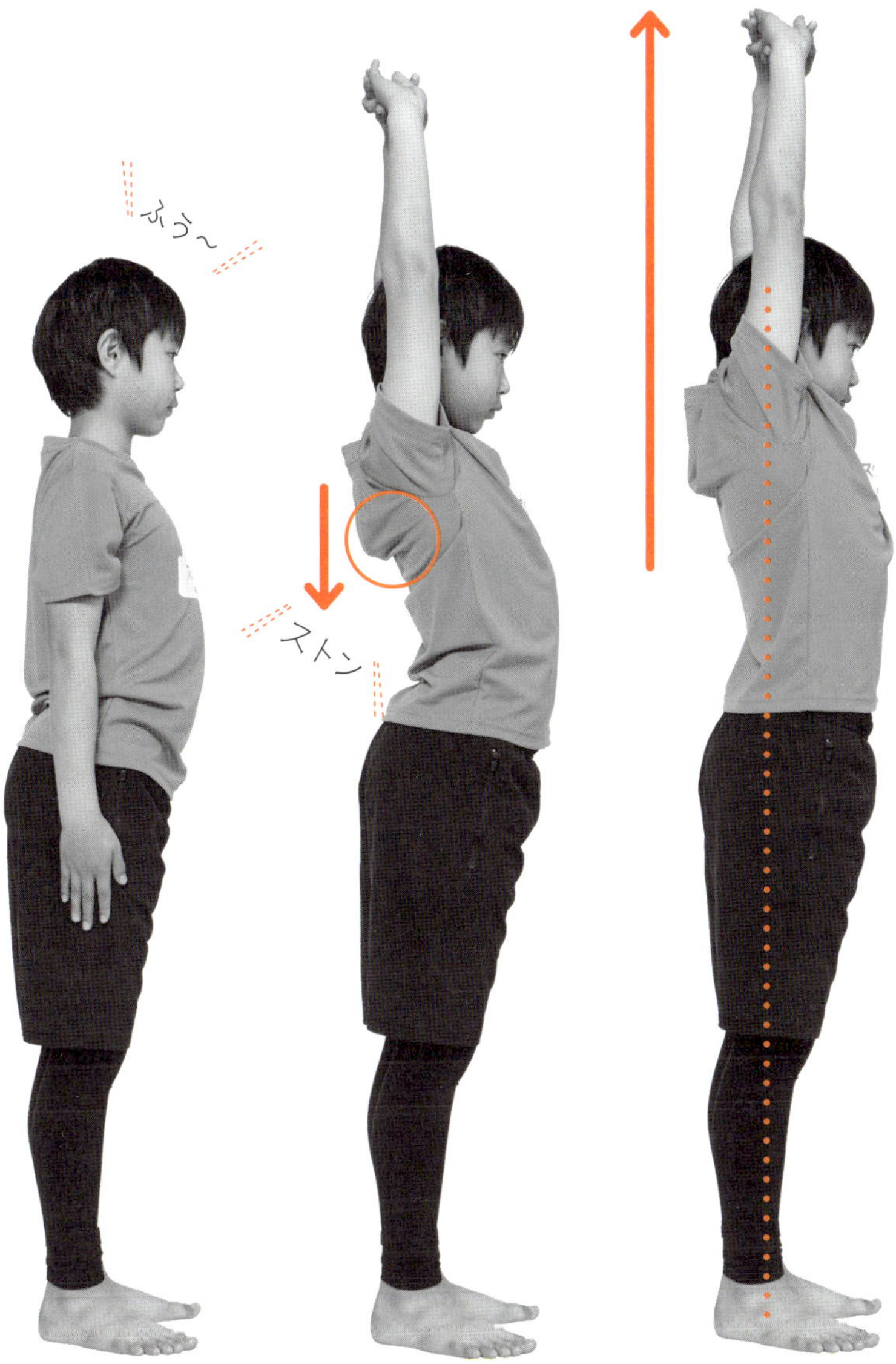

1 背伸び

両手を組んで、上へと伸びの運動をします。両手をまっすぐ上に持ち上げて、背骨と腕を気持ちよく伸ばしていきます。**足（くるぶしのあたり）、腰、頭、手が一直線に**なるイメージで。

2 肩甲骨をスライド

いっぱいいっぱいに伸びた状態から、**肩甲骨（背中側にある肩の骨）だけを下に動かします。**背中に張りついている肩の骨をストンとスライドさせるように。

3 リラックス

腕をおろして、リラックスします。❶〜❸を5回くり返します。**肩や首にかかっていたムダな力が取れて**、しだいに肩甲骨が下がったいい姿勢になっていきます。

6-2

Exercise

座ってバンザイ

いつでも自然な姿勢を
思い出せるようにしよう！

坐骨《ざこつ》で
座ろうね

2 バンザーイ

腕を伸ばしたまま上へ持ち上げて、まっすぐ上へと伸ばしていきます。背骨も肩も上に持ち上げていくイメージで気持ちよく伸びをしましょう。いっぱいに上へ伸ばしたら、また前を通ってゆっくりと腕をおろします。

1 腕を前へ

ボールやイスに座ります。正しい座り方、覚えていますか？　坐骨で突き刺すように座り、その真上に頭をのせることを意識しましょう。きちんと座れたら、両手を組んでまっすぐ前に伸ばします。

PICK UP!

肩甲骨の動きは大丈夫？

肩甲骨は、肩の下、背中の上のほうにあります。腕の動きの「土台」になる、とても大切な骨です。

本来は、腕を自由自在に動かせるように、とても可動域の広い骨なのですが、最近では肩甲骨の周囲の筋肉が凝り固まってしまい、大きく動かせない人が少なくありません。子どもたちにも増えているのです。

その原因は、運動不足や同じ姿勢を続けたり、ストレスの多くなったりしがちな日常生活にあります。

肩甲骨がよく動くようになると、肩こり、首こりが治るだけでなく、腕の動きがよくなり、あらゆるスポーツのパフォーマンスアップが期待できます。

Column 1

まじめに考えてみませんか?
現代の子どもの運動能力は下がるいっぽう

しゃがめない、片脚で立てない、ボールが投げられない……これ以上、子どもたちの運動能力が低下しないようにできることからはじめましょう!

下落傾向が止まらないボール投げの能力

冒頭でも触れましたが、子どもたちの運動能力が低下しています。とくに深刻なのが「投げる」という動作です。

文部科学省では1964(昭和39)年から継続して、「体力・運動能力調査」いわゆるスポーツテストを行っています。みなさんも経験があると思います。

ここで注目したいのが「ソフトボール投げ」の記録です。11歳児の平均について、1968年と2016年で比較してみたところ、驚きの結果が出ています。女子は、約20mから約17mへと3mほどのダウン。男子は約35mから27mへと約8mもダウンしています。48年間で23%ほどもダウンしてしまった計算になります。

すっかり姿を消した親子のキャッチボール

原因のひとつは、子どもたちが、ボールを投げる遊び、野球などをしづらくなったこと。学校は放課後の校庭を開放しないところが増えているようですし、公園はボール遊び禁止がほとんど。空き地もなかなかありませんし、あっても勝手に野球なんかできませんよね。

まじめに考えてみませんか?

現代の子どもの運動能力は下がるいっぽう

できることから
はじめよう!

少年野球の競技人口は多くても、それはあくまでも「習いごと」のひとつ。それでは野球部に所属しない限り、ボールを投げる機会もないことになってしまいます。

キャッチボールをする子どもたち、ひとりでボールを「壁あて」する子どもの姿、そして親子でキャッチボールをする光景も見かけなくなりましたね。

投げられなくなった原因として、ドッジボールも挙げられます。ボールがぶつかってケガをしやすいという理由で、ドッジボールをやらない学校が増えているのだそうです。

投げるという行為は野球のためだけではなく、人間が生きるために必要な本能的に獲得する能力の一つで、それを鍛えることは運動能力の向上にとても大きな役割を果たしています。投げるという動作が子どもたちの活動から失われてしまうのは、身体の発育・発達の視点から実は大きな損失なのです。

危ないからやめる できないからやめる

また、危ないからやめるというのは考えもの。ドッジボールの代わりに、あたっても痛くないフライングディスクを使った「ディスクドッヂ（ドッヂビー）」を取り入れる学校もあるようで、もちろん、楽しく体を動かすという意味ではどちらも良い運動です。

ただ、人間は子どものうちに痛いことや危ないことを経験することで、それらを回避する身のこなしを学びます。このような動作は大人になってから習得することは難しく、だからこそ、子どものうちに身に付けた感覚が、大人になったときに役立つのです。

とはいえ、私たちがスポーツ指導をするときも、子どもたちにケガをさせるわけにはいきませんので、細心の注意を払っています。

さて、先ほども触れたスポーツテストは1999年に見直しがあり、懸垂《けんすい》が除外されました。これは1回もできない人があまりにも多いのでやめてしまったのだとか。

運動会での組体操も、筋力不足の子どもが増えてうまくできず、やめてしまう学校が多いと聞きます。

「だったらできるようにしよう」ではなく、あっさりやめてしまうケースが多いのは残念です。

小学校には体育専任の先生がいないことが多いので、教えられないというのが実情なのでしょう。

体を動かすだけで痛みを感じる子どもたち

2016年4月から、学校検診の必須項目に「運動器に関する検査」が追加されました。従来からあった脊柱側弯症《せきちゅうそくわんしょう》の検査に加えて、腰を曲げ伸ばしたときに痛みがあるか、腕や脚を動かしたときに痛みや動かしにくさがないか、片脚立ちが5秒できるか、そしてうんこスクワットのテーマでもある「しゃがめる」かが検査されることになったのです。

この検診が必須になった背景には、WHO（世界保健機関）の取り組み「運動器の10年」の日本協会による働きかけがありました。協会が調査をしたところ、子どもたちの運動器疾患や障害の頻度が非常に高いことが判明したのです。その原因は二極化していて、運動不足による運動機能の「退化」と、部活動などでの運動のやりすぎによる故障でした。早急な対策が必要だとして、学校で検診が行われるようになったのです。

そんな現状を変えていくために、うんこスクワットを上手に活用してください。さらに、アウトドア活動や運動にご家族で挑戦されてはいかがでしょうか。夏は海水浴や登山、キャンプ、冬はスキーやスノーボード、気候のいい春秋は公園でバドミントンやゴムボール投げなどもいいですね。親子で思い出をたくさん作りましょう！

PART 3

「うんこスクワット」で めざせ！ 子どもアスリート

スポーツするキミを応援!
どんどん上手になるよ

みなさんは体育の授業は好きですか?

何かスポーツを習っていますか?

子ども時代に体を動かすことは本当に大切です。ぜひ好きなスポーツをみつけて、楽しく取り組んでほしいと思います。

大好きなスポーツをやっていると、もっとうまくなりたいとか、試合で勝ちたいという意欲がわいてくることもあるでしょう。そう思ったら、毎日の習慣として「うんこスクワット」を続けてみてください。なぜなら、うんこスクワットには、どのスポーツにもあてはまる「運動がうまくなる秘訣《ひけつ》」が隠されているからです。

この章では、うんこスクワットがスポーツの上達にどう役立つのかを説明していきます。うんこスクワットで、子どもアスリートをめざしましょう!

親が気をつけたい

子どもアスリートをめざすために知っておきたいこと

What You Need to Know to Make Your Child Athlete

夢や希望をもってスポーツに取り組む我が子を見守るのは、親にとってはとてもうれしいこと。でも、指導者に任せる前に知っておいてほしいことがあります。

どのような指導方針か練習の量は適正か

子どもの運動不足が深刻化するなか、本格的にスポーツに取り組む子どもたちは、本当にたくましい存在です。しかし、保護者のみなさんには、日本におけるスポーツ指導が、必ずしも安心・安全に行われていないということを、頭に入れておいてください。

たとえばアメリカではスポーツ競技を春夏と秋冬に分け、ひとりの選手が複数のスポーツに親しむのが一般的。これによって多様な運動経験を積むことができ、より多くの筋肉や関節を使うことができます。

日本の場合は、一途《いちず》に打ち込むことがよしとされてきました。「文武両道」という言葉に見られるように、スポーツとは「武道」の流れをくむもので、教育や精神修養の一環だという考えが根強くありました。そのため、体罰や言葉の暴力は当たり前。練習のやりすぎも当たり前でした。それは残念ながら現在も見受けられます。

その評価についてはともかく、行きすぎた勝利至上主義により、スポーツがつまらなくなってやめてしまったり、過度に行うことで故障してしまう選手がたくさんいるのは、とても残念なことです。

複数のスポーツへの取り組みが難しいようであれば、できるだけ幅広い運動ができるように工夫が必要です。遊びでもよいので、自分が行っている競技以外の運動時間を作ってみてください。また、準備運動や基礎トレーニングとして、「うんこスクワット」のような全身運動を取り入れるのもいい工夫です。

成長期はケガや故障を起こしやすい！

身長が急激に伸びたりして、骨がぐんぐん伸びる成長期。でも、そんなときこそスポーツには要注意。ケガや故障の危険性が高まっているのです。

成長期のオスグッド病予防に大きな効果あり

身長が急激に伸びる時期は、スポーツによるケガや故障のリスクが大きくなります。本人はもちろんのこと、指導者や親も注意深く見守る必要があります。

なぜ成長期にはケガや故障が発生しやすくなるのでしょうか。その理由として次の3つが考えられます。それは、①軟骨が多くなる、②筋肉が硬くなる、③個人差が大きい、です。それぞれについてのくわしい説明は、下をごらんください。

さて、みなさんはスポーツをする成長期の子どもに多い「オスグッド病（正式にはオスグッド・シュラッター症候群）」をご存じでしょうか。ジャンプをするとひざの下に痛みが走るというもので、「成長痛」という俗称があります。うんこスクワットは、オスグッド病の予防法として、とても効果があることがわかっています。

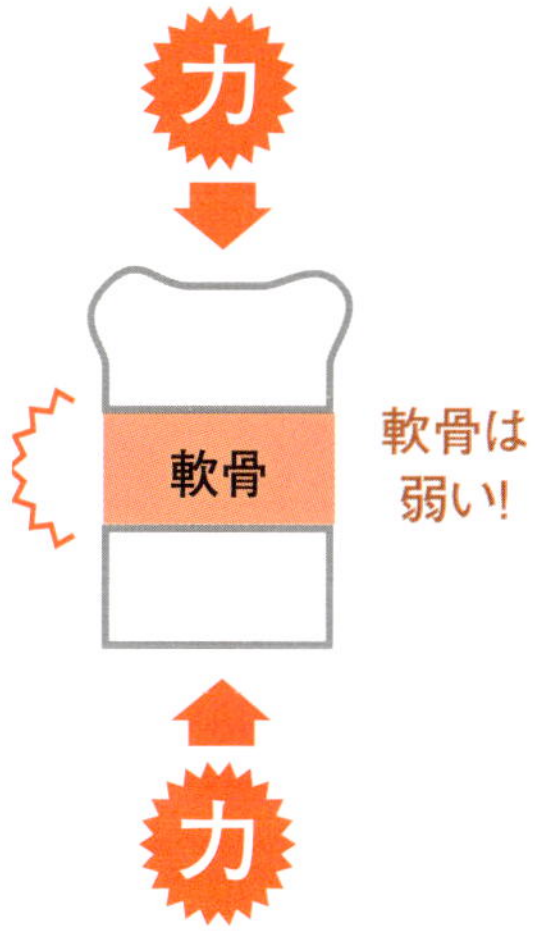
力
軟骨
軟骨は弱い！
力

軟骨が多くなる

成長期は成長ホルモンの分泌によって、骨を伸ばす部分である「軟骨細胞」が増える時期。その軟骨は文字どおりやわらかい骨のため、簡単につぶれてしまったり、はがれてしまったりするのです。

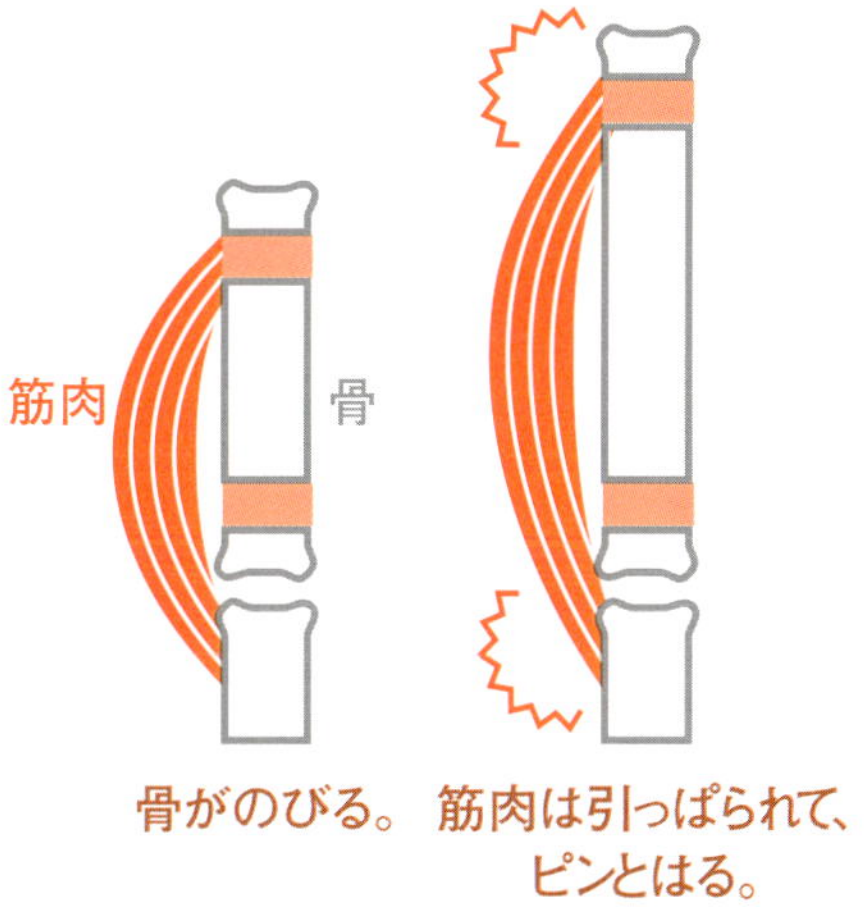
筋肉
骨
骨がのびる。
筋肉は引っぱられて、ピンとはる。

筋肉が硬くなる

筋肉の両端は、それぞれ別の骨にくっついています。成長期は筋肉が伸びる前に骨が伸びるため、筋肉が引っぱられた状態で硬くなります。このとき、筋肉も骨も故障しやすい状態になります。

個人差が大きい

急激に骨が伸びる時期がいつやってくるかは人によってまちまちです。部活動などで同じ学年の人たちが一斉に同じ練習をしたとしても、故障のリスクが高い人がいるかもしれないのです。

走る、蹴るの動きに直結

サッカー

女子のプレーヤーも増えて、
競技人口が多いサッカー。
関係なさそうな感じですが
うんこスクワットには
上達のヒントがいっぱい！

ハムストリングスは推進力の「アクセル筋」

うんこスクワットを行うと、サッカーがうまくなります！

まずは、ダッシュ力が向上して、動き出しが速くなります。ももを前へ前へと動かす「アクセル筋」であるハムストリングスをうまく使えるようになるからです。

次に、キック力がアップするので、強いシュートやパスを蹴れるように。その理由は、うんこスクワットでももの内側と骨盤をつなぐ内転筋という股関節まわりの筋肉が使えるようになり、股関節から生み出せる強力なパワーを使えるようになるからです。体の中心から生まれた力を、蹴り出す足に伝え、ボールに乗せていくのです。

そして、姿勢を保つ能力が高まるため、トラップやドリブルがうまくなります。なぜなら、股関節、骨盤、背骨を動かしたり、キープしたりできるようになるから。するとボディバランスが向上して、ボールコントロールが上達しやすくなり、競り合いに強くなります。

そしてすべての動きが強じんな股関節を中心に行えるため、ひざや腰、足首などの負担が軽くなり、ケガをしにくくなるのです。

Point!

「アクセル筋」で競り合いに強くなる

Point!

股関節が使えるとキック力がアップ

Point!

姿勢カッチリでボール扱いがうまくなる

キック力が上がる

強いボールを蹴るためには、コツがあります。まず**軸足で地面をしっかりとつかむこと。そして股関節のパワーを足に伝えていくこと**。どちらも、うんこスクワットで身につきます。

ケガをしにくい体の使い方が身につく

足が速くなる

ハムストリングスや骨盤周辺の「アクセル筋」を使って、競り合いに勝ちましょう。逆に「ブレーキ筋」である前ももの筋肉に頼って走るとスピードに乗れなくなってしまいます。

トラップやドリブルなどボールコントロールがうまくなる

投げるのも、
打つのもうまくなる

野球

夢は甲子園か、プロ野球か、
はたまたメジャーリーグか。
うんこスクワットで
スイング運動の基本を学び
でっかい夢に近づこう！

Point!

上半身と下半身の連携ができるようになる

Point!

「アクセル筋」で飛距離や球速がアップ

Point!

ミート力、制球力、守備力も向上する

股関節の使い方がスイング運動のコツ

うんこスクワットを行うと野球もうまくなります！

まず、スイング運動が力強くなります。これは、うんこスクワットで足裏全体で地面を踏みしめ、股関節から生み出されるパワーを上半身に伝えていく感覚が身につくためです。

さらに、ハムストリングスやお尻、背中の筋肉がうまく使えるようになると、スイング運動に爆発的な推進力が生まれます。これら背面の筋肉が「アクセル筋」。そのおかげで、打撃では飛距離が伸び、投球では球速がアップします。

また、背骨がしなやかに動くと、打撃では打球に角度がついて長打が増え、投球では腕の振りが速くなるメリットもあります。

股関節がしっかり開くようになると、上体の開きを我慢でき、打撃であればインパクトの瞬間に、投球であればリリースの瞬間にパワーを集中できるようになるのです。

中心軸が定まり、姿勢をキープできるようになると、ミート力や制球力、守備力も磨かれます。

そして、肩甲骨まわりや体の中心部の柔軟性が高まることで、肩・ひじ・ひざなど関節にかかる負荷が小さくなり、ケガをしにくくなるのです。

ピッチング能力がアップ

投球動作は複雑です。パワーの発生源は地面を踏みしめる両足。それを股関節、背骨、肩甲骨、腕、手、ボールへと順に伝えます。**下半身から上半身への連携は、うんこスクワットに通じます。**

バットコントロール、制球力、守備力の向上

バッティング能力がアップ

ピッチングとバッティングは、**足の運動を腕に伝えていく**という意味ではとても似ています。うんこスクワットで力の伝え方を学習すると、バットのヘッドスピードが上がります。

肩、ひじ、ひざ、腰、手首、足首などのケガ予防

ジャンプ力もアップ

バスケットボール

Bリーグが定着し、
人気急上昇のバスケ。
スタート、ストップ、ターンを
くり返すハードな競技は
うんこスクワットで
バッチリ上達します！

Point!
**ボディバランス向上
俊敏な動きに対応できる**

Point!
**「アクセル筋」強化で
1歩目をグッと踏み出せる**

Point!
**股関節の使い方が
うまくなり
ジャンプ力がアップ**

動き出しがよくなり一気に抜き去る

うんこスクワットを行うと、バスケもうまくなります！

バスケはとても激しい運動です。とくに急にストップしたり、突然動き出したり、逆方向へターンしたりと、俊敏な動きが多いのが特徴です。そうした動きに対応するためには、つねにどちらへでも動き出せるようなボディバランスが重要になります。うんこスクワットをやると俊敏な動きに対応できるボディバランスが身につきます。

ボールを持った選手がドリブルでディフェンスを振り切ろうとする1歩目の動き出しは、まさにうんこスクワットに似ています。背面側の「アクセル筋」を使って爆発的に飛び出すからです。

リバウンドやブロックショットのときにはジャンプ力が求められます。意外に感じるかもしれませんが、体の中心部、とくに股関節の動きを強化することでジャンプ力は向上します。

そして、バスケでは粘り強いディフェンスも重要です。とくに横の動き、ステップワークをうまく行えるかどうかが生命線となります。うんこスクワットでお尻の筋肉をしっかり使えるようになると、ディフェンスの動きが向上します。

横の動きがよくなり ディフェンスの 対応力がアップ

ボディバランスが向上する

バスケではボディバランスが重要です。**スピーディーなゲーム展開のなかで、どの方向へも俊敏に動けたり、ジャンプしながらシュートを放ったり**と、つねにボディバランスを保つ必要があります。

ペネトレイトのキレがよくなる

インサイドを急襲するペネトレイト。ディフェンスを振り切るためには、1歩目の動きが重要です。**うんこスクワットでハムストリングスの動きをよくすれば、初動のキレがアップします。**

ジャンプ力がアップしてゴール下の競り合いに強くなる

スイングが鋭くなる

テニス 卓球

国際的な舞台で日本人選手の活躍が
続くテニスと卓球。
コートの広さは違いますが、
ともに股関節が重要な競技です。
うんこスクワットでケガをしない、
強烈なスイングをゲット！

Point!

股関節中心のスイングでストロークの威力がアップ

Point!

股関節やお尻の筋力アップで横方向の動きがよくなる

Point!

体の中心部を柔軟にしひじや手首などのケガを予防する

瞬時の対応にはボディバランスが必須

うんこスクワットを行うとテニスもうまくなります！

基本となるストロークは、股関節と足の踏ん張りによってパワーを生み出し、それをスイングにつなげます。うんこスクワットで、股関節の動きをよくすれば、ストロークの威力がアップします。

コートを前後左右に動いてボールに追いつき、正確にボールを捉えるには、ボディバランスが必要。うんこスクワットの中心軸をキープする姿勢が役立ちます。

そして、卓球もうんこスクワットをやるとうまくなります！

小さく軽いラケットを振る卓球ですが、非常に高速なスイングが必要です。それにはやはり股関節主導のスイングが基本です。

フットワーク、とくに横に素速く動く必要があり、股関節やお尻の筋肉の強化が効果的です。

テニス、卓球ともスイングをくり返す運動です。足の踏ん張りを上半身に伝えていく動きが正しくできると、上半身に頼らずスイングでき、ひじや肩、ひざや腰などの関節への負担が小さくなります。うんこスクワットの習慣化で、ケガを予防しましょう。

横方向のフットワークがよくなる

卓球はラリーのテンポが速く、それでいて試合時間が長くなることのある運動量の多いスポーツです。**とくに横の動きが多く、サイドステップの連続です。股関節が重要な競技です。**

足、股関節の力を借りたスイングで、ひじや手首など関節の故障を防ぐ

ストロークの精度がアップする

スイングスピードが上がる

たとえばサービスの場合、**後ろの足から前の足に重心を移動させながら股関節でパワーを生み出し、**それを背骨、肩甲骨、腕、ラケットへと伝えることで速いスイングになっていきます。

しなやかに、力強く

ダンス

中学校で必修となったこともあって
ダンスに夢中な子が増えています。
踊ることの楽しさを
体の内側から表現しよう!

Point!

**中心軸が定まり
きれいな
ターンができる**

Point!

**腰からの動きができて
ヒップホップを素敵に**

Point!

**股関節が開くので
バレエ系ダンスも
上達**

腰からの動きでかっこよく全身をしなやかに使える

うんこスクワットを行うとダンスもうまくなります!

バレエ系のダンスには、かかとをつけ、つま先が外側に大きく開くまで股関節を開く「ターンアウト」という形がよく用いられ、そのまま上下に動くこともあります。

この、股関節を開いて上下する動きは、まさにうんこスクワットと同じ動作で、ちょうどいい練習になります。また、うんこスクワットを続けているうちに、中心軸のキープが習慣化して、その姿勢を保つ感覚が身につきます。すると、ターン(回転)の動作を美しくできるようになるのです。

ジャズダンス系やヒップホップダンスでも、うんこスクワットの効果は表れます。

体の中心部分の動きが良くなることで、腰を起点としてリズムをとる動きが上手にできるようになります。

一般に初心者が踊ると、ひざを起点としてリズムをとる動きになってしまいがち。これだと、しなやかでかっこいいダンスには見えづらくなります。

一方、うんこスクワットで腰からの安定感ある動きをマスターすれば、可動域も広がりダイナミックに。一気に洗練された印象を与えることができるのです。

バレエ系ダンスのターンアウトがうまくなる

きれいなターンができるようになる

くるりくるりと回るバレエ系ダンスのターンは、**体のセンターを貫く中心軸ができているかどうかで美しさが変わってきます。**うんこスクワットは中心軸づくりに役立ちます。

全身をしなやかに動かせる

ヒップホップもリズミカルに

うんこスクワットが習慣になると、あらゆる動きが股関節を起点として行えるようになります。ヒップホップのようなビートを刻むダンスの場合、**体の中心部から動くことでダイナミックにかっこよく**見えます。

Column 2

興奮と抑制を育てる

うんこスクワットが脳の発達を促進

運動は、脳の発達にも重要な役割を果たしています。遊びや運動が十分にできていない子どもは注意が必要。うんこスクワットで運動できる体をつくっていきましょう。

脳の健全な発達には3つの段階がある

全身の筋肉や骨などと同じように、運動は脳の発達にも深く関わっています。どういうことでしょうか。

脳は巨大な中枢《ちゅうすう》神経で、健全な大人の脳は、たくさんの神経細胞が複雑につながり、脳全体のネットワークを発達させています。

その構造は3層になっていて、それぞれよく発達する時期があります。中心部は「脳幹《のうかん》」で、生命を維持するための基本的な機能を司っています。もっとも早く、生まれる前から発達しています。

次に発達するのが大脳辺縁系《へんえんけい》です。この部分は「興奮」を司っています。楽しい、面白いと感じたり、意欲がわいたりするのは、この大脳辺縁系の発達が関係していると言われています。

最後に発達するのが「大脳新皮質」です。この部分は「抑制」を司っています。大脳新皮質が発達することで、思考力、判断力、忍耐力など、人としてとても大切な脳機能が身についていくのです。

しっかり興奮できないと抑制も身につかない

さて、そのような脳の発達にお

いて、とくに重要になるのが2番目の大脳辺縁系、「興奮」という働きです。なぜならば、その次の段階への影響がとても大きいからです。

興奮と抑制の関係は、自動車のアクセルとブレーキの関係に似ています。アクセルを踏んでも、のろのろとしか走らない車であれば、それを止めるためのブレーキの能力も弱いもので十分です。

ところが、推進力が強く、アクセルを踏み込むとよくスピードが出る車を走らせるには、性能のいいブレーキが必要になります。

これと同じように、人間の脳も興奮することができないと、抑制する機能が育っていかないのです。

脳幹→大脳辺縁系→大脳新皮質の順に脳全体を健全に発達させるためには、質の高い興奮が不可欠です。では、子どもの脳にとって、質の高い「興奮」とはどのようなものでしょうか。

そうです。それが体を使った遊び、つまり運動なのです。神経細胞は全身に張り巡らされていて、脳神経のネットワークと密接につながっています。ですから当然、身体の動きが豊かであるほど、脳への刺激が増え、脳が発達していくのです。

「ニート」の問題と幼少期の運動の関係

こうした脳の発達メカニズムを知れば、子どものときに体を動かすことがいかに重要かが理解できると思います。たくさん運動をして、健全な運動器の発達を促すことは、我々大人が思っている以上に大切にすべきことなのです。

逆に運動が十分でなく、興奮がうまくできない状態だと、意欲がわかず、無気力な精神状態になりやすくなってしまいます。やる気がおきず、働くことができないという「ニート」の問題も、幼少期の遊びや運動と深く関係しているのです。

Column 3

子どもといっしょにはじめよう！
うんこスクワットは大人にも効果あり

間違った体の使い方を続けると、思わぬ事態も……。
これから先、将来にわたって健康でいられるよう、
今日からうんこスクワットに取り組みましょう。

悪い姿勢は一種の「生活習慣病」

子どもに効果抜群の「うんこスクワット」は、当然大人にも効果があります。

それどころか、日ごろから体調不良や運動不足が気になっている大人にこそ、いますぐはじめてほしいと私は思っているのです。

なぜなら、そんな大人の多くが、悪い姿勢や誤った体の使い方をしているから。少しでも早く改善に取り組んでほしいのです。

悪い姿勢は、一種の「生活習慣病」です。少し乱暴に聞こえるかもしれませんが、大げさではありません。

勤務時間の大半を座って過ごす方も多いと思いますが、坐骨をまっすぐに立てる正しい座り方をしているでしょうか。私が見るかぎり、残念ながら、そんな人は少数派かもしれません。

座り方に問題あり猫背はリスクの温床

悪い座り方でもっとも多いのは、骨盤が後ろに傾くものです。そのままだと頭が後ろに離れてしまいますので、背骨を丸めて調整しています。

この「猫背」はさまざまな病気

リスクの温床になるのです。背筋がまっすぐであれば、頭は背骨の上にバランスよく置かれます。ところが、猫背だと首と頭が前に突き出る形になってしまいます。重い頭を首や肩の力で支えなければならないのです。

　当然、首周辺の筋肉は疲れ、肩こり、首こり、背中こりになります。筋肉がこわばると骨の動きも悪くなるので、背骨のしなやかさがなくなります。

　すると、曲げやすい腰の部分に負荷が集中し、腰を痛めやすくなります。姿勢が悪いと、もれなく肩こりと腰痛がついてきてしまうのです。

大人も子どもも
みんなでトライ！
うんこ
スクワット
うんこ
スクワット

本当は怖い姿勢の悪さ 首こりや背骨の変形から

　悪いことはそれだけに終わりません。首のこりがあまりに重症化したり、首の骨が変形してしまったりすると、神経のトラブルにつながりやすくなります。

　首は英語でネックですが、ネックには「脆《もろ》くて弱い部分」という意味もありますよね。首は脳と全身をつなぐパイプラインになっていて、大切な神経が通っています。ところが、そのパイプラインは、あまりにも細くて脆弱《ぜいじゃく》です。もし、首の骨が不自然な形になったり、周辺筋肉がコチコチにこっていたりすると、パイプラインのなかの神経にも影響が出やすくなってしまうのです。

　たとえば、手足にしびれが出たりするのは、運動を司《つかさど》る神経に問題があるから。それが悪化すると、歩行困難になったり、排尿・排便のトラブルが起きたりする可能性もあるのです。

　また、首周辺の異常から、自律神経系に悪影響が出ることも珍しくありません。

　自律神経系は、生きるための自動調節機能を司っているので、トラブルは深刻な事態を招きます。

うんこスクワットは大人にも効果あり

免疫システムに影響が出ると、ガンなどの大病にかかるリスクが高まります。

自律神経失調症は、「不定愁訴《ふていしゅうそ》」と呼ばれる、ありとあらゆる不調が全身に表れ、日常生活さえままならなくなったり、うつ病を発症して強い自殺願望を持ってしまうこともあります。

たかが姿勢と侮れません。悪い姿勢の本当の恐ろしさを理解していただけたと思います。

誤った体の使い方は疲れやすくケガしやすい

間違った座り方には、お尻が突き出る、骨盤が前傾するパターンもあります。これだと背骨が前に倒れてしまいそうになりますので、逆に胸をそらしてバランスを取ります。この姿勢は負荷が集中する腰を痛めやすくなります。

また、左右に崩して座るのも腰痛になりやすい形です。

姿勢以外にも、誤った体の使い方をしている場合があります。たとえば歩き方。「アクセル筋」であるハムストリングスやお尻の筋肉、内ももの筋肉を使って、内くるぶしに体重をのせて歩けばあまり疲れないのですが、「ブレーキ筋」である前ももを使って歩いたり、正しい重心で歩いていないと疲れやすくなります。

重い物を持ち上げるときも、腰を入れて股関節に力を入れればラクに持ち上がりますが、腰を折って腕の力で持ち上げようとすると腰を痛めやすくなります。

一生自分の足で歩いていける体を

このような誤った体の使い方を根本的に直していくのに、「うんこスクワット」はとても役に立つのです。

はじめは少し難しい「うんこスクワット」ですが、続けているうち、正しい姿勢でいるのが気持ちよく感じられるようになります。

そして、股関節、骨盤、背骨という体の中心部の運動機能をキープしていれば、ムダな力をかけず、ラクに体を動かせるようになり、疲れにくくなります。

下半身全体の曲げ伸ばしをするスクワット運動は、全身への血流をよくしますので、肩こりや疲労感の解消にも役立ちます。

両足裏と股関節で踏ん張る運動は、チャレンジ精神や意欲をかきたて、精神的にもいい効果が期待できます。

ぜひ「うんこスクワット」で、自分の足で一生歩いていける体を手に入れてください。

家族みんなで うんこスクワットを 続けよう！

1日たったの
1分間！

Q&A

うんこスクワットの疑問に
なんでもお答えします！

うんこスクワットをやる時間帯《じかんたい》は、いつがいい？どれくらいやるのが効果的？

A 時間帯はいつでもOK！「習慣化」が大事

タイミングはいつでもOKです。1日のうちで、毎日落ちついて取り組める時間帯を決めることができればベストですね。

大切なのは習慣化して毎日続けること。苦手なチェック項目があれば、それを重点的にやっていきましょう。

最終目標はうんこスクワットの完成形を毎日継続。目安は1日1分。増減してもらってかまいませんので、とにかく無理のない範囲で長く続けるようにしましょう。

うんこスクワットは小さい子でもできる？はじめるのは何歳からがいい？

A 小さい子でもできますが5歳くらいからがおすすめ

この本で紹介したエクササイズは、何歳でもできるものです。じつは小さい子ほど、うんこ座りがうまいのです。なので、小さい子はやる必要がないとも言えますし、ずっとやり続けていくのもいいと思います。

たくさんの子どもたちを見てきましたが、**5歳くらいになると、体の硬さや運動の得意不得意の傾向が表れはじめるようです。**そのころから、苦手克服のエクササイズに取り組んでいくことをおすすめします。

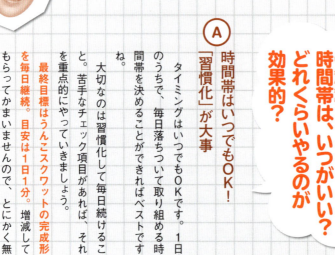

うちの子は飽きっぽくて困っています。続けさせるコツって何かありませんか？

A ちょっとした工夫を紹介します その子に合ったものを探って

苦手なことに取り組むというのは、大人でも忍耐力が必要ですよね。

IWA　ACADEMYでは、すぐイヤになってしまったり、集中が続かず飽きてしまう子には、ちょっとした工夫をしています。たとえば、**目標を目に見える形で示したり、ゲーム性を持たせたり、大人といっしょにやって競争させたりすることなどです。**

子どもの性格に合わせて、楽しく取り組めそうな方法を探ってみてください。

うちの子はもともと体が柔らかいのであまり意味がないのでは？やらせたら何か効果はありますか？

A 体幹トレや体使いの練習に最適 いい姿勢を保つ効果も

うんこスクワットの動きは、一流アスリートたちが日々のトレーニングとして取り組んでいるスクワットと同じものです。つまり、体を柔らかくするための「ストレッチ」ではなく、筋力を強化するための体幹トレーニングのひとつなのです。

ですから、**体が柔らかい子にとっても、体を強くするためのトレーニングとして、また、うまく体を使うための練習**になります。いい姿勢を保つ効果もありますよ。

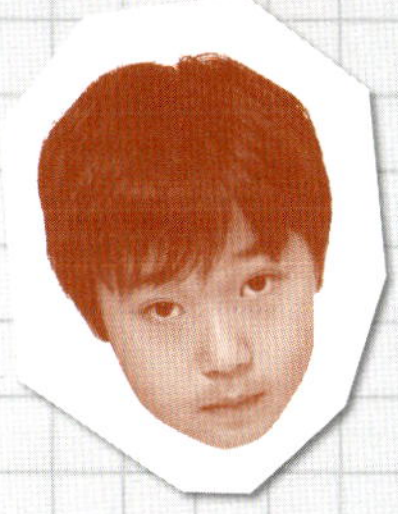

うんこスクワットをやってはいけないケースにはどのようなものがありますか？

A 痛みがある場合はすぐに中止して ケガ、やり方が間違いの可能性あり

うんこスクワットをやっている最中に、もしもどこかに痛みがある場合はすぐに中止してください。どこかにケガをしている可能性があり、悪化させてしまうかもしれないからです。

また、間違ったやり方をしている可能性もありますので、もう一度やり方をていねいに確認してみてください。それでも痛みがある場合は、一度医療機関を受診することをおすすめします。

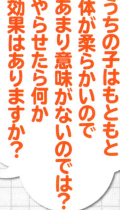

監修者より本書について

うんこ座りってわかる？
――お父さん、お母さんがお手本に

今津浩喜
（いまづ・ひろき）
医学博士。藤田保健衛生大学卒業、同大学消化器外科講師を経て開業。名古屋駅より800mに位置する『医療法人いまず外科』の院長。専門は一般外科、消化器外科、東洋医学治療。そけいヘルニア、下肢静脈瘤などの日帰り手術にも力を入れており、一般外科の日帰り手術実績は東海地方でもトップクラスの名医として知られる。理想は「患者の痛みのない手術」。

この本のお話を聞いて、最初はもっとよいネーミングはないかしらと思って読み進めました。

なにしろ今、学校ではトイレで用を足すことが嫌がられているらしいですよ。その上、和式便所は特に嫌われて淘汰《とうた》されてきています。ということは、うんこ座り自体をする機会が無いかもしれないのです。

こういった世の中にあってこの本の唯一の心配は、「『うんこ座り』って子どもにわかるかしら？」ということです。

でも、逆に今の子どもは（昔の子どももですが）「うんこ」好きですからね。手に取ってもらうには良いネーミングかもと思って読み進めました。

その中で、結局本書のターゲットは、実は子供だけではなく「子どもを持つ両親や祖父母」なんだと思いました。家族みんなで楽しくスクワットする――そのキーワードが単に「うんこ座り」なんですよね。

まずは「うんこ座り」ってどういうことかをお父さんやお母さんが教えて、ご家族みんなで健康になり、病気の予防をする。そのための簡単な方法がやさしく書いてあります。

先に読んだ親御さんはまずはこっそり自分でやってみてから、お子様に「うんこ座りって知ってる？」って話しかけて、「これできる？」ってやらせてあげてください。ちょっと尊敬されるかもしれませんよ。

『医療法人いまず外科』院長
今津浩喜

Profile

田邊大吾

(たなべ・だいご)

IWA ACADEMY
STRENGTH FIELD DIRECTOR

1987年生まれ。カリフォルニア州立大学ロングビーチ校出身。選考は運動科学。2013-2015シーズンはアメリカンフットボールXリーグ所属、明治安田パイレーツのストレングスコーチを務める。パフォーマンスを向上させるトレーニングは多くの方から支持を集める。また東洋・西洋医学の融合を実現させる指導法を研究。IWA ACADEMY STRENGTH FIELD DIRECTOR、鍼灸あん摩マッサージ指圧師。

About IWA ACADEMY

MLBシアトル・マリナーズ所属の岩隈久志選手が監修するスポーツアカデミー。岩隈選手が培った技術やトレーニングメソッド、ケア・メンテナンスをあらゆるスポーツに応用し、子どもからアスリートまで幅広く指導する完全会員制の複合型スポーツ空間。最新人工芝を導入した硬式球実打可能な室内練習場や、最新器具を導入したトレーニング施設を備える。子どもに特化したプログラムも多く、心と身体と脳の発達を真剣に考えた運動プログラム「WAQUMO」や、子育てに関する保護者向けプログラム「Four smiles」などを実施する。

東京都千代田区六番町1-7
K-PLAZA B1F,1F,4F
TEL：03-6265-6688
http://iwa-academy.com/

子どもの運動能力を引き出す

うんこスクワット

著者 田邊大吾
監修 今津浩喜（医療法人いまず外科 院長）

2018年4月5日 初版発行

協力	一般社団法人 IWA JAPAN
総合プロデュース	内田康貴
マネジメント	渡辺駿英
本文モデル	内田真緒／渡邊志門／渡邊伊織
デザイン	森田直・積田野麦（フロッグキングスタジオ）
写真	芹澤裕介
ヘアメイク	後藤麻樹
イラスト	水上みのり
執筆協力	菅野徹
校正	玄冬書林
編集	高木沙織
編集統括	岩尾雅彦・大井隆義（ワニブックス）
発行者	横内正昭
編集人	青柳有紀
発行所	株式会社ワニブックス

〒150-8482
東京都渋谷区恵比寿4-4-9えびす大黒ビル
電話 03-5449-2711（代表）
03-5449-2716（編集部）
ワニブックスHP http://www.wani.co.jp/
WANI BOOKOUT http://www.wanibookout.com/

印刷所	株式会社 美松堂
DTP	株式会社 三協美術
製本所	ナショナル製本

ISBN 978-4-8470-9668-6